에너자이저

한 그루의 나무가 모여 푸른 숲을 이루듯이
청림의 책들은 삶을 풍요롭게 합니다.

에너자이저
ENERGIZER

팍팍한 현실에서 바닥난
에너지를 끌어올리는 법

― 이승윤

청림출판

삶의 활력을 되찾기로 결심한 당신에게

나에게도 삶이 무기력하고 공허하게 느껴지던 시절이 있었다. 물론 지금도 그런 날들이 이따금 찾아올 때가 있다. 하지만 다시 기력을 회복하는 데 그리 오랜 시간이 걸리지는 않는다. 두어 해 전 나의 삶은 피로했다. 인생의 목적도 없이 쌓여가는 업무와 과도한 스트레스로 아침에 눈을 뜨는 것이 괴로울 정도였다.

석사과정을 밟을 때는 유명 대학에서 박사과정 입학 허가만 받으면 만사 오케이라고 생각했다. 박사과정 때는 좋은 대학의 교수 자리만 잡으면 장밋빛 탄탄대로가 눈앞에 펼쳐질 줄 알았다. 그것은 야무진 착각이었다. 막상 그 과정을 거쳐 대학 교수가 되고 나니 만만찮은 현실이 기다리고 있었다. 나는 연구와 강의, 학교 업무에다 육아까지, 이 모든 일을 혼자 감당해야 하는 부담감과 책임감에 짓눌려 살았다.

그 당시 연구 중이던 프로젝트가 '긍정적인 감정을 개인과 팀이 공유할 때 일어나는 현상'에 관한 것이었으나, 정작 내 삶은 그다지 유쾌하지 않았다.

무엇을 위해, 어디를 향해 달려가는지도 모른 채 그렇게 몇 년을 보냈다. 그러던 중 우연히 국외 학술지에서 '일터에서 에너지를 창조하는 사람들'에 관한 글을 발견했다. 그 논문을 통해 에너지가 내 연구 분야인 긍정적인 감정과 밀접하게 연관되어 있음을 알게 되었다. 새로운 개념에 흥미를 느낀 나는 당시 국내 경영학계에서는 다소 낯선 개념이었던 에너지와 활력의 관계에 대해 소개하기로 마음먹었다. 곧 '조직 내에서 에너지와 활력을 북돋아 주는 인간관계'에 관한 논문을 다른 연구자들과 함께 공동으로 발표했다. 동시에 경영 전문 잡지 등에 에너자이저에 관한 글을 기고하기 시작했다.

그러면서 자연스럽게 나 자신의 에너지 레벨이 궁금해졌다. 과연 나의 에너지 창고에는 얼마나 많은 에너지가 채워져 있을까? 혹시 바닥을 드러내기 직전은 아닐까? 동시에 자신의 에너지 창고를 풍요롭게 채우고 열정과 의욕을 갖고 살아가는 에너자이저들에 대한 호기심도 커졌다. 그들은 어떻게 남들과 똑같이 어려운 현실 속에서도 활력을 잃지 않고 에너지 넘치는 삶을 살아가는 걸까?

에너자이저에 대한 글을 쓰면서 나는 언제 어디에서 어떻게 에너지를 얻고 있으며, 내가 롤모델로 삼고 싶은 진정한 에너자이저는 누구인지 알고 싶어졌다. 긍정 조직학positive organizational scholarship과 인간 에너지human energy에 관한 여러 학자들의 아이디어와 연구 결과는 내 궁금증을 풀어주었다. 에너자이저의 특징을 통해 에너지를 되찾는 방법을 알게 된 지금, 나의 하루하루는 의욕과 활력으로 넘친다.

나는 삶의 에너지를 되찾고자 하는 열망이 나 혼자만의 것이 아님을 주변 사람들과의 대화를 통해 알게 되었다. 스트레스와 만성 피로에 시달리는 직장인들의 이야기, 그리고 삶을 포기한 이들의 안타까운 사연들을 하루가 멀다 하고 접하게 되는 현실도 나를 자극했다. 그래서 그 동안 내가 고민하고 탐색하는 과정에서 발견한, 에너지 관리법을 많은 이들과 공유하기로 결심했다.

이 책은 무기력한 일상에서 탈출해 에너지 불꽃을 되살리고, 삶의 생명력을 되찾아 진정한 에너자이저로 거듭나려는 사람들을 위해 썼다. 에너지는 개인이 느끼는 긍정적인 감정들이 증폭되고 강화되어 무엇인가를 행동으로 옮기고자 열망할 때 발생한다. 에너자이저는 자기 스스로 에너지를 창조하고, 소모된 에너지를 다시 채우며 에너지 레벨을 유지할 수 있는 능력을 가진 사람이다. 동시에 주변 사람들까지도 에너지가 충만한 상태로 변화시키는 힘을 갖고 있다.

기억을 더듬어보니, 나에겐 힘들고 외로울 때마다 곁에서 에너지를 재생시켜준 여러 에너자이저들이 있었다. 이들이 내게 선물해준 긍정 에너지를 많은 사람들에게 소개하고 나눔으로써 작은 보답을 할 수 있다면 좋겠다.

이 책을 읽은 독자들이 힘들고 지루했던 일상에서 시원한 탄산수 같은 활력과 에너지를 찾을 수 있다면, 그래서 꺼져가던 에너지 불꽃을 되살려 하루하루를 의욕적으로 살아갈 수 있다면 얼마나 기분 좋은 일일까? 나의 이 같은 소망이 하나의 목표가 되어 그 목표를 추구하는 과정에서 내게 더 큰 에너지가 선물로 돌아온다면 더없는 기쁨일 것 같다. 나는 그것이 모두 가능한 일이라고 믿는다.

당신은 하루하루를 의욕적으로 살고 있는가?
아침에 일어날 때 몸이 가뿐하고 기분 좋은가?
설사 일이 잘못되어도 대범하게 넘기고 다음을 준비하는가?
늘 웃으며 다른 사람에게도 좋은 기운을 나누어주는가?
스트레스를 과도하게 받지 않고, 스트레스를 받는다 해도 이내 툭툭
털어내고 다시 업무에 집중하는가?
보람을 느끼며 하루를 마감하고 편히 잠드는가?

아니면,

당신은 하루하루를 무기력하게 살고 있는가?
목표와 희망도 없이 그저 주어진 일을 가까스로 처리하며
습관적으로 살고 있는가?
머리가 지끈거리고 뒷목이 아프며 소화가 잘 안 되는가?
누가 건드리면 폭발할 만큼 항상 분노에 차 있는가?
남에게 뒤처질까 전전긍긍하며 조바심을 치는가?
내가 하는 일이 잘못되지는 않을까, 늘 불안에 떠는가?

당신은 어떤 사람으로
살고 싶은가?

아래 16가지 문장은 당신의 에너지 상태를 확인할 수 있는 물음들이다. 당신의 상태를 잘 표현한 문장이 있는가?

신체 에너지

01 평균 7~8시간의 수면을 규칙적으로 취하지 못하고, 자주 피곤한 상태로 잠에서 깬다··· ☐

02 아침식사를 자주 거르는 편이고 영양가 없는 음식으로 배를 채운다·· ☐

03 충분한 운동을 하지 못하고 있다(일주일에 최소 3회 심폐운동과 1회 근력 운동) ··· ☐

04 충분한 휴식 시간을 규칙적으로 갖지 못하고, 점심을 먹을 때도 주로 사무실책상에 앉아서 먹는다······································· ☐

정신 에너지

05 업무를 처리할 때 한 가지 일에 집중하지 못하고 여러 가지 일을 동시에 처리하는 편이다··· ☐

06 장기적인 관점에서 바라볼 때 중요한 일에 시간을 쏟기보다, 주로 그때그때 닥친 일을 해결하는 데 시간을 쓴다···························· ☐

07 하루를 마무리하거나 삶의 목표에 대해 성찰하고 계획할 시간이 부족하다·· ☐

08 퇴근 후나 주말에도 자주 일하는 편이고, 휴가를 가도 매일 이메일을 확인해야 안심이 된다··· ☐

감정 에너지

09 업무 중에 자주 짜증이 나고 잘 참지 못하며 자주 긴장한다. 특히 업무가 많을때 더 그렇다 ·· ☐

10 가족이나 사랑하는 사람들과 충분한 시간을 갖고 있지 못하다. 또 함께 있을 때에도 그들에게 100퍼센트 몰입하지 못한다 ··················· ☐

11 정말 좋아하는 취미나 활동을 할 여유가 없다 ······················· ☐

12 다른 사람에게 감사의 마음을 표현하거나, 내가 이룬 업적과 내가 받은 축복에 대해 생각하거나 음미할 여유가 없다 ······················· ☐

마음 에너지(영적 에너지)

13 가장 잘 할 수 있고, 가장 즐기는 업무에 많은 시간을 쏟지 못하고 있다 ··· ☐

14 인생에서 가장 중요한 목표라 여기는 일에 자원을 적절하게 배분하지 못하고 있다 ··· ☐

15 직장에서 내리는 의사결정의 대부분이 스스로 정립한 확고한 목표보다는 주변의 요구에 더 큰 영향을 받는다 ······························· ☐

16 다른 사람들의 삶이나 세상에 긍정적인 영향을 미치는 일에 충분한 시간과 에너지를 투자하지 못하고 있다 ······························· ☐

총점 : _____

출처: 〈당신은 에너지 위기 상황으로 가고 있지 않은가?〉[1]

16가지 물음 중 당신이 공감하는 문장은 몇 개인가? 당신의 에너지 상태는 다음과 같다.

0~3개 당신은 자신의 에너지를 관리하는 능력뿐만 아니라, 타인의 강점을 발견하고 활용하는 능력이 뛰어난 사람이다.

4~6개 당신은 에너지 관리 능력이 높아 어떤 일을 하든 의욕적으로 매진해 좋은 성과를 도출해내는 사람이다.

7~10개 당신은 에너지 관리 능력이 많이 부족해 삶의 목표를 상실하고 의욕과 사기가 떨어진 사람이다. 자신의 숨겨진 잠재력을 발휘하기 위해서는 나만의 에너지 충전법을 찾는 것이 중요하다.

11~16개 당신은 에너지가 완전히 고갈된 상태로, 삶의 추진력을 얻기 위한 연료 공급이 절실하게 필요한 사람이다. 이런 위기 상황에서는 에너지가 저절로 샘솟기를 기대하는 것이 무리다. 자신의 에너지를 레벨 업 시킬 수 있는 구체적인 방법을 찾아야할 때다.

지금 당신의 에너지 창고에는
얼마만큼의 에너지가 남아 있는가?

1장

—

당신은
에너자이저인가?

ENERGIZER

나는 '333 법칙'을 믿는다. 팀, 직장 어디서든 구성원을 상중하로 나누면 언제나 똑같은 특징이 드러난다. 하위 1/3은 그 무엇도 만족하지 않기에 사람들의 생기를 빼앗는다. 중위 1/3은 일이 잘 풀릴 때는 행복하고 긍정적이지만, 고난이 찾아오면 주저앉고 만다. 상위 1/3은 시련의 순간에도 긍정적 자세를 잃지 않는다 . _ 수 엔퀴스트(여자 소프트볼 감독)

일과 삶터에서 활력의
아이콘이 된 사람들

—

사람들로 북적이는 지하철에서 나는 유독 밝은 표정의 한 젊은이를 보았다. 그는 찡그린 사람들 틈에서 웃는 얼굴로 창 밖을 바라보고 있었다. 그 순간 나는 가슴속에 작은 의문을 갖게 되었다. 매일 아침, 숨막히게 비좁은 지하철 안에서 어떤 사람은 밝게 웃고 어떤 사람은 찡그리는 결정적 차이는 무엇일까?

심각한 에너지 고갈로 삶의 의욕을 상실하고 있던 나는 그 젊은이를 본 후, 이 의문을 풀기 위해 오랜 시간 에너지와 활력의 관계에 대해 연구했다. 그리고 주변 사람들과의 대화를 통해 수많은 사람들이 이 문제로 오랫동안 고민해왔음을 알게 되었다. 무기력한 일상에서 벗어나 활기찬 하루를 살고 싶다는 욕구는 모두의 가슴속에 잠재되어 있었던 것이다. 에너자이저에 대한 탐구는 사람들에게 잃어버린 활력을 되찾아 줄 방법이 될 것이다. 나는 에너지와 에너자이저에 대해 설명하기에 앞서 내가 만난 에너자이저들을 소개해주고자 한다.

"네 생각 좋았어" 의욕 메이커

미시간 대학의 더튼Dutton 교수님은 자신의 에너지를 잘 관리하고 통제할 뿐 아니라 타인의 강점을 발견하고 키워주는 에너자이저다.

미시간 대학 박사과정 3년 차 시절, 나는 더튼 교수님과 공동 연구를 진행할 기회를 얻게 되었다. 처음에 나는 그녀의 지도를 충실히 따를 생각이었다. 조직행동론 분야의 대가인 그녀와 함께 연구한다는 사실만으로도 내게는 큰 영광이었기 때문이다.

데이터 수집을 끝내고 연구 논문 작성 단계에서 우리는 각자 맡은 부분을 집필한 후 중간 미팅을 하기로 했다. 미팅 중 더튼 교수는 자신이 집필한 부분에 논리적인 비약이나 다른 문제는 없는지 나에게 자문을 구했다. 실은 미팅 전에 그녀가 집필한 원고를 읽으면서 한 군데 논리적으로 연결이 되지 않는다고 느낀 부분이 있었다. 하지만 일개 학생인 내가 대가의 작업 내용을 제대로 이해하지 못한 탓이라 여기고 미팅에 참석한 터라, 그녀의 질문에 주저주저하며 대답했다.

"제가 틀렸을 수도 있지만…… 이 부분이 논리적으로 연결이 잘 안되는 것 같습니다."

그녀가 말했다.

"정말 좋은 지적이야. 앞으로는 자기 의견을 스스로 과소평가하지 말게."

아직도 잊히지 않는 그 말을 하고 더튼 교수는 내 의견을 반영하기 위해 컴퓨터 앞에 앉아 곧바로 논문을 수정하기 시작했다. 미팅을 끝내고 나오면서 나는 중요한 일을 해냈다는 자긍심을 느꼈다. 내 안에 새로운 자신감이 차오르고 있었다. 에너자이저는 결코 독단적이지 않다. 열린 마음으로 다양한 피드백을 받아들이며, 자신보다 낮은 위치의 사람이라고 배제시키지 않는다.

유학 시절, 더튼 교수를 만나면 항상 의욕이 샘솟았다. 내가 생각하기에는 그다지 신통치 않은 아이디어도 더튼 교수 앞에서는 학문적 기여도가 큰 아이디어로 둔갑했다. 그래서 미팅을 마치고 나면 내 아이디어를 어떻게 발전시켜 논문을 작성할지 구체적인 계획이 세워지곤 했다. 더욱 중요한 것은 계획한 것 이상으로 잘 해내고 싶은 욕구가 생겼다는 사실이다. 더튼 교수님은 자신과 관계를 맺고 있는 모든 사람들에게 의미 있는 목표를 세우게 하고, 목표치 이상의 결과를 창출하고 싶다는 열망을 느끼게 만드는 진정한 에너자이저였다.

아름다운 비전을 제시하는 사람

배우 차인표 씨는 내가 만난 또 다른 에너자이저다. 지난해 말 탈북 청소년들을 위한 대안학교 여명을 후원하는 행사에 참석했을 때 일이다. '우리는 통일나무입니다'라는 주제로 열린 '여명의 날' 행사에는 여명학교 재학생, 학교 관계자, 후원자 등 천여 명이 참석했다. 행사의 사회를 맡은 사람은 차인표 씨였다. 그는 탈북 청소년들과 함께 〈우리의 소원은 통일〉을 노래하고, 참석자들에게 북한 주민들과 탈북 청소년들의 가슴 아픈 현실을 전했다. 북받치는 감정을 억누르며 한 마디한 마디 이어가는 모습을 보니 그의 진정성이 가슴 깊이 와 닿았다.

그는 탈북 청소년뿐 아니라 어려운 환경에 처한 국내외 아동들을 후원하는 것으로도 유명하다. 또한 아내 신애라 씨와 함께 다양한 프로그램을 진행하면서 아동 후원에 대한 필요성을 알려 수만 명의 사람들을 후원자로 나서게 했다. 그는 세상을 좀 더 나은 곳으로 만들자는 확고한 비전을 제시함으로써, 사람들로 하여금 같은 곳을 바라보게 하는 진정한 에너자이저였다.

그의 비전을 따라가다 보면 매월 4만 5천 원으로 자기 눈 속에 파리가 알을 낳아도 쫓을 힘이 없는 아이들을 건강하게 만들 수 있고, 쓰레기 처리장에 살며 음식물 쓰레기를 뒤져 먹는 아이들을 배불리 먹일 수 있으며, 마을에 학교를 세워 배움에 목마른 아이들을 가르칠 수 있다는 긍정적인 비전을 얻게 된다. 그렇게 자라난 아이들은 마음속에 꿈을 품고 그 꿈을 키워나갈 것이다. 그리고 마침내 우리의 작은 호의를 큰 선물로 되돌려줄 것이다. 우리가 지갑을 열어 큰 부담 없이 내는 돈으로 세상이 보다 살기 좋아지고 아름다워지는 것이다. '여명의 날' 행사에서 본 차인표, 그는 과거나 현재가 아니라 미래에 대해 이야기하는 에너자이저였다.

무기력해질 때가 곧 에너자이저가 되어야 할 때

우리는 무한 경쟁 시대에 살고 있다. 퇴보하지 않는다고 해서 안심할 수 있는 세상이 아니다. 그 자리에 그대로 서 있기만 해도 다른 사람들에게 뒤처지고 도태되는 것 같아 초조해진다. 삶의 목표가 흔들리는 것 같고, 더 이상 무엇을 향해 달려가야 하는지도 모른다. 좀처럼 의욕이 생기지도 않는다.

에너자이저가 되려는 시도를 해야 할 때는 바로 이런 때다. 우리의 에너자이저들은 무기력한 날들이 반복될 때, 일상이 지루하고 피로할 때, 삶이 움츠러들 때, 일상에 긍정적인 변화를 가져옴으로써 활력의 소용돌이를 불러일으킨다.

간단히 말하면 에너자이저란 에너지가 많은 사람이다. 그런데 태어날 때부터 충만한 에너지를 타고나는 것은 아니다. 이 세상에 모태 에너자이저는 없다. 아무런 수고도 없이 에너지가 늘 빵빵하게 채워지는 것도 불가능하다. 에너지는 노력해서 만들어내는 것이다.

에너자이저는 자신에게 생기와 활력을 주는 목표를 찾아 매진한다. 그렇기에 끊임없이 배우고, 성장하기 위해 노력하고, 새로운 가능성에 도전한다. 또한 자신만의 강점에 집중함으로써, 삶의 긍정적인 측면에 주목한다. 다른 사람들을 돕는 일에 주저하지 않고, 이들과의 끈끈한 관계 속에서 새로운 에너지를 얻는다.

에너자이저의 에너지는 전염성이 있어서, 주변 사람들을 자석처럼 끌어당기는 힘이 있다. 에너자이저가 제시하는 긍정과 가능성의 비전,

에너자이저가 심어주는 자신감과 신뢰감은 함께 일하는 사람들의 긍정 에너지 레벨을 증폭시킨다. 나와 남에게 용기와 희망을 주는 에너자이저, 참 매력적이지 않은가?

에너자이저의 에너지 흐름

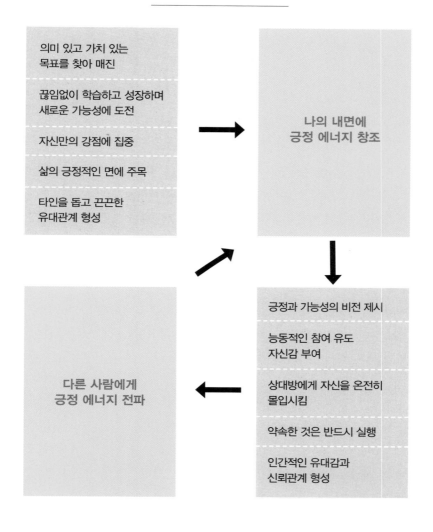

의미 있고 가치 있는
목표를 찾아 매진

끊임없이 학습하고 성장하며
새로운 가능성에 도전

자신만의 강점에 집중

삶의 긍정적인 면에 주목

타인을 돕고 끈끈한
유대관계 형성

나의 내면에
긍정 에너지 창조

긍정과 가능성의 비전 제시

능동적인 참여 유도
자신감 부여

상대방에게 자신을 온전히
몰입시킴

약속한 것은 반드시 실행

인간적인 유대감과
신뢰관계 형성

다른 사람에게
긍정 에너지 전파

에너지란?

에너지는 일상생활을 영위하기 위한 필수 요소다. 자동차가 굴러가기 위해서는 기름이 필요하듯, 사람이 건강하게 활동하기 위해서는 에너지가 필요하다. 에너지는 우리가 어떤 목표를 향해 한 발짝씩 전진하는 데 원동력이 되어준다. 그런데 이 개념은 매우 추상적이어서, 에너지가 구체적으로 어떻게 창조되거나 파괴되고 우리 삶에 어떤 영향을 미치는지 이해하기란 쉽지 않다.

에너지의 어원은 고대 그리스의 에네르기아energia다. 에네르기아는 활동activity, 행위act 또는 작용functioning의 의미를 가지고 있다.[1] 사회학자 막스Marks에 의하면, 인간 에너지는 다음의 두 가지 특징을 갖는다.[2]

    첫째, 특정한 목표를 달성하기 위한 행동에 필요한 자원이다
    둘째, 사람들 간의 사회적 상호작용에 의해 창조된다

이 특징들은 물리학의 에너지 개념과는 차이가 있다. 양질의 음식을 섭취해 풍부한 화학적 에너지를 체내에 보유하고 있더라도, 그러한 상태가 목표 달성을 위한 동기를 부여한다고 보기는 어렵기 때문이다. 또한 사람들 간의 사회적 상호작용을 통해 에너지 레벨이 상승하기도 하고 감소하기도 한다는 아이

디어 역시 물리학의 에너지 개념과는 거리가 있다.

미국의 대표적인 사회학자 콜린스^{Collins}도 인간 에너지 개념과 관련된 정서적 에너지^{emotional energy}에 대해 설명하면서, 다음의 네 가지 조건이 갖춰질 때 정서적 에너지가 고취된다고 했다.[3]

- 최소 두 명 이상의 사람들이 대면
- 대면하고 있는 사람들을 내부인으로, 그 외의 사람들은 외부인으로
  가정할 때, 내부인과 외부인을 구분 짓는 뚜렷한 경계선 존재
- 대면하고 있는 사람들이 공동의 목표나 관심사에 집중
- 대면하고 있는 사람들이 긍정적이거나 부정적인 정서 공유

대표적인 예로 '4강 신화의 기적'을 이룬 2002년 월드컵을 떠올리면 쉽게 이해할 수 있다. 이 땅이 붉은 악마들의 열기로 뜨겁게 달아올랐던 그때를 기억할 것이다. 대한민국 국민으로서 같은 팀을 응원한다는 공동의 목표와 관심사가 있었기에, 국내외의 모든 국민들은 월드컵 기간 내내 승리를 갈망하는 마음으로 똘똘 뭉쳤다. 거리에서 들려오는 함성, 아파트 촌 여기저기서 터져나오는 환호와 박수 소리, 거대한 합창과 같았던 '대~한민국'의 구호……. 모든 국민이 하나가 된 가운데 엄청난 에너지를 분출했다. 그 정도의 열정과 에너지는 아니더라도, 일상에서 어떤 목표를 향해 에너지를 쏟아 붓고 의욕과 활기를 느끼며 살 수 있다면 정말 신날 것 같지 않은가?

우리는 왜
에너자이저에게 끌릴까?

—

에너자이저는 매력적이다. 사람들은 에너자이저에게 끌리고, 다가가고 싶어 하고, 그들과 함께 일하기를 원한다. 주변에서 에너자이저로 주목받는 사람들을 보면 이 사실을 잘 알 수 있다. 그들은 사람들로 하여금 열정을 불러일으켜 의욕적으로 일하게 하고, 그 결과 탁월한 성과를 이끌어낸다. 사람들은 에너자이저와 함께 하는 일에 자신을 몰입시키고 그와 함께 목표를 달성하고 싶어 한다. 또한 에너자이저는 주변 사람들의 알 권리를 충족시킨다.

경영학자인 크로스Cross가 연구자들과 발견한 에너자이저의 특징을 살펴보면, 사람들이 에너자이저에게 매력을 느끼는 이유를 더 자세히 알 수 있을 것이다.[4]

- 에너자이저는 자신의 아이디어를 효과적으로 실현한다

  자신의 아이디어를 동료들이 지지하고 행동으로 옮기도록 동기부여
  하며, 고객들의 구매 욕구를 고취시킨다.

- 사람들은 에너자이저와 함께 하는 일에 자신을 몰입시킨다

  출퇴근 시간에도 일에 대해 생각하고, 꼭 필요한 관련 정보를 얻기 위
  해 추가 이메일을 보낸다. 또 중요한 사람과 접촉하기 위해 적극적으
  로 다양한 방법을 동원한다.

- 고성과자들도 에너자이저와 함께 일하는 것에 매력을 느낀다

  사람들은 에너자이저와 함께 일함으로써, 괄목할 만한 성과를 얻고 싶
  어 한다.

- 에너자이저들은 뛰어난 성과를 내 주변 사람들의 학습을 증진시킨다

  사람들은 새로운 정보를 찾거나 무언가를 배워야 할 때 기왕이면 의욕
  을 불러일으키는 에너자이저를 선택한다. 연구에 의하면, 누구에게서
  정보를 얻고 배울지를 결정하는 가장 중요한 요인은 바로 에너지를 주
  는 사람인지 빼앗아가는 사람인지의 여부였다.

에너자이저는 비전을 제시한다

크로스는 에너자이저가 매력적인 이유로 비전 제시를 이야기한다.

과거의 이슈에 대해 논의할 때는 에너지가 생기기 어렵다. 반면 개인의 목표든 조직의 목표든 미래의 가능성에 대해 이야기할 때는 큰 에너지가 생긴다. 앞 장에서 제시한 배우 차인표 씨가 대표적인 사례다. 그는 의미 있다고 여기는 일에 실현 가능한 비전을 제시함으로써, 많은 이들에게 자신들의 작은 힘으로 다른 생명을 구할 수 있다는 소명감을 선물했다.

스티브 잡스도 대표적인 비전 제시형 에너자이저다. 생전의 스티브 잡스는 직원들에게 이런 메시지를 강조했다. '애플은 IT의 혜택으로부터 소외된 사람들(이를테면 아이들과 노년층)을 IT의 세계에 동참케 한다.' 시장 점유율을 높여 매출을 올리자는 메시지보다, 소외된 사람들에게 기회를 주고 사람들의 삶을 발전시키는 데 기여하자는 메시지가 훨씬 의미 있게 다가오는 것은 당연하다. 매일 하고 있는 업무지만, 그 업무에 의미를 부여하고 비전을 제시할 때 우리는 에너지를 느끼게 된다.

에너자이저는 상대를 능동적으로 만든다

에너자이저가 매력적인 또 다른 이유는 사람들에게 능동적으로 참여할 기회를 준다는 것이다. 에너자이저는 회의나 대화를 독점하지 않는다. 회의를 생산적으로 만드는 데 기여한 사람은 그만큼 인정을 해주고, 그렇지 않은 사람도 소외당했다는 느낌이 들지 않도록 배려한다. 예를 들면 회의에서 지지를 얻지 못한 사람과 따로 점심식사를 하면서 그의 의견에 동의할 수 없었던 이유를 설명하고 설득한다.

내가 정기적으로 참여하는 소규모 학술 모임이 있다. 교수 다섯 명과 대학원생 여섯 명이 자신의 연구를 발표하기도 하고, 논문 하나를 정해 읽고 토론하기도 하는 모임이다. 교수와 대학원생이 모인 학술 모임이라면 교수가 토론을 주도할 것 같지만, 우리 모임은 정반대다. 교수의 의견을 대학원생이 논리적으로 반박하기도 하고, 대학원생의 좋은 아이디어에 교수가 감동하기도 한다. 토론을 할 때는 교수와 대학원생이라는 타이틀보다는 동료 연구자라는 인식이 지배적이다.

이런 분위기가 정착될 수 있었던 까닭은 이 모임을 처음 결성한 두 명의 에너자이저 덕분이다. 이 두 교수는 우리 학술 모임 회원들 가운데 학문적 업적이 가장 뛰어난 사람들이다. 하지만 그들은 결코 토론과 대화를 독점하지 않는다. 오히려 나머지 회원들이 능동적으로 참여할 수 있도록 분위기를 조성하고 기회를 주어 스스로 존중받았다는 느낌을 경험하게 한다. 열띤 토론을 하다 보면 종종 에너지 레벨이 부쩍 높아질 때가 있다. 교수나 대학원생 모두 평등한 연구자라는 생각으로 참여해 더 자유롭고 열정적인 토론이 가능하기 때문이다.

에너자이저가 상대를 능동적으로 만드는 또 다른 이유가 있다. 에너자이저는 상대방과 대화할 때 자신을 온전히 몰입시킨다. 미시간 대학 박사과정 1년 선배 가운데 클라우스Klaus라는 독일인 친구가 있었다. 클라우스와 대화를 하다보면 그 공간에 마치 이 친구와 나 두 사람만 존재하는 듯한 느낌을 받곤 했다. 클라우스는 나와의 대화에

100퍼센트 집중했다. 그는 내 말 한 마디 한 마디를 경청했고, 때때로 웃음으로 반응하거나 동의의 몸짓을 보여주었다. 그럴 때면 나는 더욱 신이 나서 떠들곤 했다. 유학 초기, 영어도 시원찮은 데다 동양인으로서 상당히 위축되어 지내던 때였다. 그 시절 나의 답답한 영어를 경청해주고 자신의 시간을 내어 대화에 온전히 몰입해준 클라우스가 지금도 고맙다.

에너자이저는 대화하고 있는 상대방에게 매 순간 집중하고 적극적으로 반응한다. 에너자이저와 대화할 때면 주변에서 일어나는 일들을 완전히 인식하지 못할 정도로 그와의 상호작용에 빠져든다. 상대방이 나에게 집중하고 있다고 느낄 때 우리는 그와 함께 하는 대화나 작업에 더욱 더 의욕을 갖게 된다. 대화할 때 상대방이 수시로 전화 통화를 하거나 지나가는 사람을 흘깃거린다면 몰입은커녕 빨리 헤어지고 싶은 생각만 들지 않을까?

에너자이저는 말한 대로 행동한다

마지막으로, 에너자이저는 말과 행동이 일치하기에 매력적이다. 2006년 이후 차인표 씨는 한 번도 유흥업소에 간 적이 없다고 한다. 돈을 허투루 쓰지 않고 소중한 곳에 기부해야겠다는 생각 때문이었다. 만일 차인표 씨가 말로는 빈곤 아동 후원을 외치면서 유흥업소에 드나들며 돈을 헤프게 썼다면, 그와 뜻을 함께 하는 이들이 얼마나 실망하고 힘이 빠졌겠는가?

또 다른 예로 KBS2 〈VJ특공대〉에 소개된 평범한 동네 빵집 사장님을 들어본다. 크로켓 하나로 월수입 천오백만 원을 기록한 이 빵집은 매장이 채 열 평도 안될 만큼 작은데, 오픈한 지 8개월 만에 입소문을 타고 대박이 났다. 이 가게의 주인은 손수 크로켓을 만든다. 빵가루 하나까지 세심하게 신경 쓰며 정성을 다하기 때문에 하루에 생산되는 크로켓은 200개 정도가 고작이다. 부지런한 손님만 맛볼 수 있는 이 한정판 크로켓은 오후 4시가 되면 동나, 많은 사람들이 아쉬운 마음으로 발길을 돌린다. 크로켓 빵집 사장님은 더 많은 크로켓을 만들면 더 큰 수익을 낼 수 있음에도 그럴 생각이 없다. 손님들에게 최고의 식재료로 최고 품질의 빵을 제공하겠다는 약속을 지키기 위해 하루 200개 이상의 빵을 만들지 않기로 결심했기 때문이다.

한 사람의 말이 얼마나 진실한지를 알려면 그 사람의 행동을 보면 된다. 에너자이저는 말과 행동이 다르지 않다. 에너자이저의 말은 숨은 의도 없이 진솔하다. 비록 부정적인 내용일지라도 우리는 에너자이저로부터 진실한 이야기를 들을 수 있다고 기대한다. 에너자이저는 자신이 한 말을 지킨다. 공허한 약속을 하지 않고, 약속을 남발하지 않는 대신 자신이 한 약속은 반드시 지킨다. 그렇기 때문에 에너자이저와 함께 일할 때는 약속한 대로 일이 착착 진행되어 신이 나고 의욕이 솟는다. 에너자이저처럼 사람들을 사로잡고 싶은가? 그렇다면 실현 가능한 비전을 제시하고, 다른 사람에게 참여 기회를 주고, 상대방에게 자신을 몰입시켜라. 말과 행동을 일치시키고 약속을 지켜라.

왜 우리는 싸이 때문에
신이 나는 걸까?

에너지는 전염성이 있다. 그래서 에너자이저 주변의 사람도 에너지 레벨이 높아지는 것을 느낀다. 한 사람이 느끼는 감정은 주변 사람들에게도 전염되기 쉬운데, 이를 감정의 전염 내지 전이 효과emotional contagion라고 한다. 에너지는 기쁨과 즐거움, 열정 등의 긍정적인 감정이 더욱 강화되고 증폭된 상태로 특히 그 전염속도가 빠르다. 상대방과 상호작용하는 과정에서 자신도 모르게 무의식적으로 상대방의 감정을 공유하게 되어 그와 비슷한 감정 및 에너지를 느낀다. 에너자이저와 함께 일하거나 대화할 때 나도 모르게 에너자이저와 비슷한 의욕과 에너지를 느끼게 되는 것은 바로 이 때문이다.

〈강남 스타일〉로 일약 '월드 스타'가 된 가수 싸이가 지난해 서울광장에서 콘서트를 열었다. 콘서트에는 무려 10만 명의 군중이 모여 함께 '말춤'을 추며 열광했다. 그 많은 사람들을 서울 한복판으로 불러 모은 힘은 대체 무엇일까? 싸이의 무엇이 사람들의 기분을 무한 '업' 시키고 활력을 샘솟게 한 것일까?
우선 싸이의 〈강남 스타일〉은 펄쩍펄쩍 뛰지 않고는 못 배길 만큼 신나는 곡이다. 노래와 춤 모두 재미있고 누구나 쉽게 따라 할 수 있다. 우스꽝스러우면서도 친근한 말춤, "오빠 강남 스타일!" 같이 '꽂히는' 후크, 중독성 있는 비트는 참을 수 없는 흥겨움을 유발한다. 하지만 이런 흥겨움은 〈강남 스타일〉에서만 찾을 수 있는 것은 아니다. 싸이가 10만 관중과 함께 서울광장을 후끈 달아오르게 한 힘은 노래와 춤 그 이상이었다.

'쌈마이 B급 딴따라' 가수가 대한민국 국민들을 그토록 흥분시킨 것은 그가 보여준 희망 때문이었다. 우리도 세계무대에서 인정받고 활약할 수 있다는 희망이 강력한 에너지를 만든 것이다. 옆집에 사는 평범한 이웃 같은 외모의 싸이가 전 세계 음악 차트를 휩쓸며 글로벌한 국제가수로 당당하게 활약하는 모습을 보고 우리는 자신감을 갖게 되었는지 모른다.

우리는 싸이와 개별적으로 아는 사이도 아니고 만나서 대화를 나눠본 적도 없다. 하지만 싸이에 대한 언론 보도를 접하거나 그의 이야기를 듣는 것만으로도 기분이 좋아지고 긍정적인 마음이 든다. 나아가 나도 할 수 있을 것 같은 자신감, 열심히 해야겠다는 의지가 생긴다. 에너지는 전염성이 강하다. 싸이 같은 유명 스타나 저명인사가 아니어도, 누군가가 뿜어내는 에너지는 반드시 주변으로 전염된다.

나의 하루,
에너지 레벨은?

—

　우리는 어떤 활동을 할 때 에너지가 충만해질까? 그리고 어떤 일을 할 때 에너지가 고갈될까? 우리의 에너지 레벨을 높이거나 낮추는 다양한 요소들을 일상에서 찾아보자.

　아래의 표를 이틀에 걸쳐 매 시간마다 작성해본다. 작성하는 시점을 기준으로 자신의 에너지 레벨을 1(매우 낮음)부터 10(매우 높음)까지의 척도로 해당란에 적어넣고, 어떤 행동을 하고 있는지 적는다. 시간을 잊지 않기 위해 휴대전화 알람 기능을 이용하면 효과적이다. 깜빡 잊었거나 시간을 놓쳤다면, 기억난 그 시점의 에너지 레벨을 적고 계속 이어나가면 된다.

　하루 매 시간 하고 있는 일이나 활동을 작성한다. 모두 작성했으면 하루 동안의 에너지 변화를 그래프로 나타낸다.

에너지 레벨 진단 도구[5]

시간	에너지 레벨	현재하고 있는 일/활동	
8시	3	출근시간. 붐비는 지하철 안에서 버티고 서 있다.	
9시	5	근무시간. 동료들과 커피를 마시며 업무 준비를 하고 있다.	
10시	8	회의시간. 실현 가능한 기획안이 나와서 팀장님과 팀원들 모두 기분이 좋다.	
11시			
12시			
· · ·			

에너지 레벨																
10																
9																
8			■													
7																
6																
5		■														
4																
3	■															
2																
1																
시간	8	9	10	11	12	13	...									

미국 대학생들과 이 진단 도구를 사용해본 소감을 공유했는데, 다음과 같은 다양한 의견들이 나왔다.

이 진단 도구를 통해 새롭게 발견한 점은 무엇인가?
- 하루 종일, 특히 늦은 오후 시간에 에너지 레벨이 상당히 낮은 상태라는 것을 발견하고 깜짝 놀랐다.
- 에너지 레벨이 조금만 더 높아도 할 수 있었던 일들이 생각났다.
- 에너지 레벨을 주의 깊게 관찰하는 것만으로도 행동을 변화시킬 수 있다는 사실을 알게 되었고, 에너지 레벨을 높여야겠다고 다짐했다.

에너지의 증감 요소들에서 어떤 패턴을 찾을 수 있었나?
- 운동할 때(또는 운동이 막 끝났을 때), 친구들이나 동료들과 시간을 보낼 때 에너지 레벨이 높았다.
- 약간 도전적인 일을 할 때, 정말 좋아서 하는 일을 할 때 에너지 레벨이 높아지는 것을 느꼈다.
- 공부 시간, 강의 시간, TV를 시청할 때 대체로 에너지 레벨이 떨어졌다.

에너지를 스스로 관리하는 방법에 대해 떠오른 아이디어가 있는가?
- 에너지 레벨이 가장 높은 시간에 가장 중요한 일을 해야겠다.
- 운동을 규칙적으로 하고, 사람들과의 유대관계를 더 돈독히 해야겠다.
- 아침을 항상 챙겨 먹고, 과일과 물을 자주 섭취해야겠다.

위 질문들을 통해 당신은 자신의 에너지 패턴을 분석하고 스스로 에너지 관리를 위해 어떤 행동지침을 마련해야 할지 파악할 수 있다. 무엇보다 명심해야 할 것은 에너지 레벨 관리를 위해 세우는 계획도 여타의 다른 계획과 마찬가지로 작심삼일이 되기 쉽다는 것이다. 이전 상태로 돌아가는 것을 방지하기 위해 친구나 가족, 동료들과 함께 계획을 세우고 서로의 실천 상태를 자주 점검하는 것이 좋다. 또한 정기적으로 에너지 레벨을 체크함으로써 얼마나 자신의 에너지 레벨을 얼마나 효과적으로 잘 관리하고 있는지 파악해야 한다.

또 하나의 예로, 미국의 중간관리자들과 컨설턴트들에게도 이 방법을 사용하게 했는데 대다수가 매우 긍정적인 반응을 보였다. 그 가운데 한 명은 에너지 레벨 진단 후 자신의 에너지 관리를 위해 또 다른 방법을 개발했다. 즉, 퇴근 후 집에 오면 휴대전화를 한 시간 동안 방에 넣어두고 건드리지 않는 것이었다. 그 한 시간 동안 저녁식사도 하고 하루를 돌이켜보는 시간을 가졌다. 다른 한 명은 에너지 레벨을 관리하기 위해 퇴근 후 한 시간씩 운동을 했더니 오히려 밤에 잠이 잘 오지 않았다. 그래서 운동을 하는 대신 독서를 하며 사색의 시간을 갖는 것으로 방법을 바꿨다.

이처럼 에너지 레벨 진단을 통해 당신도 자신에게 꼭 맞는 에너지 관리법을 찾을 수 있을 것이다.

걱정과 스트레스가
에너지를 빼앗는다

—

다람쥐 쳇바퀴 돌 듯 끊임없이 반복되는 일상. 새벽에 일어나 출근 준비를 하고 집을 나서면 매일 똑같은 길로 직장에 간다. 가끔 버스를 탈까, 지하철을 탈까 고민하기도 하지만 별반 차이는 없다. 직장에 도착해서 내 자리에 털썩 앉으면 일단 한숨부터 나온다. 지금부터 밤 9시까지 별다른 낙도 없이 계속 일, 일, 일이다. 출근길을 그대로 거슬러 퇴근하면서 내일 새벽 또다시 이 길을 밟을 생각을 하니 가슴이 답답하다.

상상만 해도 기운이 빠지는 이 이야기가 어쩌면 우리의 일상일지도 모른다. 최근 주목 받고 있는 이슈가 '인간 에너지의 위기Human Energy Crisis'6다. 삶에 지친 현대인에게 공감을 불러일으키는 제목이 아닐 수 없다. 일의 업무량이 점점 증가하는 것에 비례해 근무 시간도 점점 길어지고 있다. 스마트폰과 컴퓨터라는 고삐에 매여 퇴근 후에도 업무에서 완전히 해방되기가 어렵다. 경기가 침체될수록 휴가 일수는 줄어들고 월차를 내는 것도 눈치가 보인다. 예전에 그나마 조금이라도 누리던 휴식을 더는 마음 놓고 누리기가 어려워졌다.

특히 워킹맘들의 스트레스가 높다. 워킹맘들은 직장에서 바쁘게 업무 처리를 하고, 퇴근하면서 또 다른 직장으로 출근한다. 산더미 같은 집안일이 기다리는 가정으로 발걸음을 옮기며 힘이 쭉 빠진다. 끊임없이 바위를 산꼭대기로 밀어 올려야 하는 그리스 신화의 시지프스가 된 것 같다.

과연 우리는 이렇게 에너지가 결여된 채로, 삶의 추진력을 위한 연료가 고갈된 상태로 계속 달릴 수 있을까? 뭔가 변화가 있어야 할 것 같다. 삶을 경쾌하게 반전시킬 변화를 위해 먼저 해야 할 일은 에너지를 고갈시키는 주범을 찾는 것이다.

영상 19도에 동사凍死를?

오래 전, 어느 항구에 영국의 컨테이너 운반선이 도착했다. 한 선원이 짐을 모두 내렸는지 확인하기 위해 컨테이너 안으로 들어갔다가 다른 선원이 문을 닫는 바람에 갇혀버렸다. 그는 얼어 죽겠구나, 하는 생각으로 절망에 빠졌다. 냉동 컨테이너였기 때문이다.

배는 영국으로 돌아와 항구에 닿았다. 컨테이너 문을 열었을 때 선장은 실종된 선원이 죽어 있는 것을 발견했다. 컨테이너 벽에는 추위

와의 사투, 몸이 얼어붙는 과정을 기록한 선원의 글이 새겨져 있었다. 컨테이너가 비어 냉동 장치가 작동하지 않는다는 사실을 알았던 선장은 의아했다. 온도를 확인했다. 영상 19도였다. 부정적인 생각은 부정적인 결과를 초래한다는 사실을 극단적으로 보여주는 유명한 사례다.

부정적인 감정은 에너지를 고갈시키고 창의적인 사고를 불가능하게 한다. 걱정과 두려움, 불안함, 초조함, 긴장 등을 느끼는 상태에서는 늘 해오던 방식대로 관성에 따라 움직이게 된다. 이를 위협 경직 효과threat-rigidity effect라고 한다. 위협을 느끼는 상황에서는 인지와 사고의 폭이 좁아지고 경직되어 기존의 사고 틀에서 벗어나지 못한다.[7]

화재가 발생한 상황을 가정해보자. 건물에 불이 나면 사람들은 극도의 두려움과 긴장감을 느끼며 오로지 한 가지 생각에만 몰두한다. '어떻게 하면 이 건물에서 안전하게 빠져나갈 수 있을까?' 이런 위기 일발의 순간에 기상천외한 생각을 해내기란 거의 불가능하다. 불이 나면 대다수의 사람들은 일단 계단을 통해 건물을 탈출해야겠다는 생각밖에 하지 못한다. 똑같은 생각을 가진 사람들이 몰리기 때문에, 화재가 나면 계단에서 많은 사람들이 죽거나 다친다.

창의성은 즐거움이나 행복감 등 긍정적인 감정을 느낄 때 활발하게 발현된다. 인지와 사고의 폭을 확장시켜주기 때문에 기존의 사고 틀로는 연결시킬 수 없었던 두 개념을 연결시키기도 하고, 어떤 개념에 색다른 관점으로 접근해 새로운 아이디어를 추출해내기도 한다. 이러한 이유로 스탠포드 대학의 제프리 페퍼Jeffrey Pfeffer 교수는 잭 웰치

전 회장이 도입한 GE의 경영 방식을 비판한다. GE는 직원들의 성과를 향상시킨다는 목적으로 하위 5퍼센트의 저성과자들을 퇴출시키는 것으로 유명하다. 이러한 인적자원 관리방식 하에서 구성원들은 언제 퇴출될지 모르는 불안감과 두려움에 지속적으로 시달리게 되고, 그 결과 업무에서 창의성을 발휘하기 어렵다. 혁신적인 아이디어의 실행에는 늘 실패의 위험이 따르기 마련인데, 실패는 퇴출로 이어질 수 있기에 구성원들은 몸을 사릴 수밖에 없다. 그저 안전하게 마무리 짓는 방식으로 맡은 일을 처리하게 된다.

GE가 좀 더 포용적인 인적자원 관리방식을 채택했더라면 지금보다 위대한 기업이 되어 있지 않을까?

에너지 소모의 주범, 스트레스

오늘날처럼 경쟁이 치열한 시대에는 에너지를 샘솟게 하기는커녕 고갈시키는 요소들이 너무도 많다. 어느 시대 어느 사회에나 경쟁은 있기 마련이고, 적당한 경쟁은 개인의 성장이나 사회의 발전에 도움이 된다. 게다가 시장경제는 기본적으로 경쟁을 바탕으로 한다. 이는 자본주의가 다른 체제보다 발전한 이유이기도 하다. 하지만 지금의 현실은 무모하다 싶을 만큼 경쟁이 과열되어 있다.

집단 따돌림부터 폭력, 자살에 이르기까지 학교에서 일어나는 심각한 문제들은 과도한 입시 경쟁과 무관하지 않다. 이른바 '묻지 마 범죄'와 보험금을 노린 가족 살해 등 최근 부쩍 늘어난 극악한 범죄도 무한경쟁으로 인한 양극화에서 비롯된 측면이 많다.

한편 언제 회사에서 밀려날지 모르는 직장인들은 미래에 대한 불안과 과중한 업무 등으로 스트레스에 시달린다. 제대로 쉬지도 못하면서 열심히 일을 하기는 하는데 최고의 성과는 내지 못하고 있다. 현재의 직위나 직책에 발이 묶인 상태로 정체되어 있는 느낌이다. 업무 성과 평가는 그럭저럭 괜찮지만 이대로는 계속 이 자리에 남아 있기도 힘들 것 같아 불안하다. 회의 시간에도 별다른 아이디어를 제시하지 못하고 있고, 예전에는 일을 찾아가면서 했는데 이제는 시키는 일만 그럭저럭 해내고 있다. 이전의 활력 있고 의욕 넘치던 나의 모습은 어디로 가버린 걸까?

목표를 달성해야 한다는 압박에, 주변 상사나 동료들과 잡담할 여유조차 없다. 업무 시간에 잠깐 여유가 생겨도 주된 대화 주제는 우리 팀이 과연 잘 하고 있는지, 목표치에 얼마나 근접했는지 등 성과나 결과 수치에 관한 것뿐이다. 나뿐만 아니라 다른 사람들도 모두 생존 모드로 살고 있는 것 같다.

워킹맘들은 이중으로 스트레스에 시달린다. 다음의 상황은 워킹맘들이 흔히 겪는 문제다. 직장에서 업무에 집중하고 있는데 갑자기 집에서 연락이 온다. 하교 시간이 지났는데 아이가 학교에서 돌아오지도 않고 소식도 없다고 한다. 그 순간부터 아이가 돌아왔다는 연락을 받을 때까지는 업무에 집중하기란 불가능하다. 아이를 제대로 돌보지 못한다는 자책감도 든다. 직장을 그만두고 집에서 아이 키우기에만 올인해야 하는 것 아닌가 하는 생각이 든다. 그러나 여기서 그만둔 다면……. 경력이 단절된 여성이 나중에 재취업하기란 얼마나 어려운 일인가.

이런저런 생각 속에 아이가 돌아왔다는 연락을 받는다. 다시 업무에 집중하려고 하지만 쉽지가 않다. 조금 후면 퇴근 시간인데 마음이 무겁다. 바쁘게 업무를 처리하고 회사를 나오면 그때부터 또 다른 직장으로 출근한다. 산적된 업무가 기다리고 있는 가정이라는 일터로 향하는 것이다. 퇴근길 교통난을 뚫고 집에 도착하면 아이들의 숙제를 봐주고 학교 준비물을 챙겨줘야 한다. 짧은 시간이지만 아이들과 의미 있는 시간을 보내야 한다는 의무감에 악을 쓰며 힘을 내본다.

아이들을 재우고 나서 낮에 못 끝낸 업무를 좀 더 들여다봐야지, 하고는 그냥 아이들 옆에서 잠이 들어버린다. 문득문득 이런 생각이 든다. 이런 식으로 언제까지 나 자신을 가동시킬 수 있을까? 이러다가 언젠가 폭발해버리는 게 아닐까? 이렇게 워킹맘들은 이중으로 스트레스를 받으며 에너지를 빼앗긴다.

왜 나는 A부장에게
에너지를 빼앗길까?

―

문제는 일방적인 상사다

에너지가 충만한 상태와 반대되는 것은 극도의 피로와 탈진 상태다. 대부분 일의 과부하로 인한 스트레스가 주원인이다. 그런데 육체적 피로를 넘어 정신적 피로에 이르는 더 큰 요인은 바로 부정적인 인간관계에 있다. 직장 상사와의 관계는 부정적인 인간관계의 대표적인 예로 지목되기도 한다.

A부장과 미팅을 하고 나면 매번 일에 대한 의욕이 상실되고 에너지가 고갈되는 느낌이다. A부장에게는 업무와 관련해서 도움을 청하고 싶지 않다. 그저 피하고만 싶고 다음 미팅 날짜가 다가오는 것이 부담스럽고 싫다. A부장과 같은 상사는 미팅 전부터 에너지를 불필요하게 소모시키고, 미팅 중에는 물론 미팅 후에도 에너지가 소모되는 느낌

을 준다. 이런 사람과 함께 일할 때 나타나는 현상은 다음과 같다.

- 대부분의 업무나 미팅들이 비생산적으로 느껴진다.
- 미팅이 끝나면 동료를 붙들고 하소연을 하거나 험담을 해서 고갈된 에너지를 조금이라도 되찾고 싶다.
- 그가 유용한 정보를 가지고 있더라도 그에게 정보를 구하기가 꺼려진다.
- 일일이 간섭하는 것을 어떻게 피할 수 있을지 궁리하는 데 많은 에너지를 소모한다.
- 그의 말 이면에 숨은 의미를 파악하는 것이 피곤하다.

직장에서의 일상적인 관계들이 에너지 형성과 파괴에 어떤 영향을 미치는지를 조사하기 위해, 크로스와 연구자들은 일곱 개 회사의 사회적 네트워크social network와 에너지의 흐름을 분석했다.[8] 연구자들은 컨설팅 회사, 투자자문 회사, 석유화학 회사 등을 대상으로 설문조사와 인터뷰를 실시했다. 예를 들어 석유화학 회사의 한 부서 직원들에게 다음과 같은 질문을 던졌다.

'아래 귀하의 부서에 소속된 직원들의 이름이 나열되어 있습니다. 각각의 직원들과 함께 일할 때 어느 정도의 에너지를 느끼는지 표시하십시오.'

그 다음 1점(에너지를 많이 고갈시킨다)부터 5점(에너지를 많이 채워준다)까지의 척도로 응답하게 했다. 분석 결과, 에너지를 가장 많이 고갈시키는 사람들은 대부분 상사들인 것으로 나타났다. 점과 점을 연결하는 화살표를 보면, 화살표를 보내는 사람이 받는 사람을 '디에너자이저', 즉 에너지를 빼앗아가는 사람으로 지목한 것을 알 수 있다. 디에너자이저로 지목 받은, 즉 화살표를 많이 받은 사람들을 네트워크 분석도의 중앙에 모았다. 그러자 중앙에 모인 디에너자이저들 중의 상당수가 상사들인 것으로 나타났다.

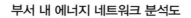

부서 내 에너지 네트워크 분석도

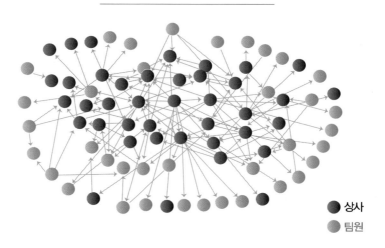

● 상사
● 팀원

상사들은 일방적인 목표를 설정하고 팀원들이 해야 할 일을 하나하나 지시하고 확인함으로써 자신이 회사에 큰 기여를 했고 훌륭한 리더십을 발휘했다고 믿는 경향이 있다. 이러한 잘못된 생각 때문에, 정작 팀원들의 업무 의욕과 사기를 고취시켜야 할 상사들이 팀원들의 에너지를 바닥나게 하는 곤혹스러운 결과를 초래한다.

우리가 살고 있는 사회는 치열한 경쟁 사회다. 직장에서나 가정에서나 해야 할 일들이 넘쳐난다. 그런데 이런 상사들은 힘을 북돋기는커녕 일할 의욕을 빼앗아버리기 일쑤다. 이런 상황에서 에너지가 저절로 샘솟기를 기대하기란 무리다. 이것은 직장 상사와 부하직원 사이에서만 나타나는 현상은 아니다. 시어머니와 며느리, 선배와 후배 등의 관계에서도 일방적인 소통이 이뤄질 때 에너지는 소모된다.

연료 게이지가 바닥에 이른 상태로 계속 달릴 수는 없다. 새로운 동력을 얻어 신나게 앞으로 나아가려면 기름을 채워야 한다. 이때 필요한 것이 에너자이저가 되려는 노력이다. 그렇다면 에너자이저가 되기 위해 바닥난 에너지를 채우는 방법으로는 어떤 것들이 있을까?

인간관계가 에너지 수준에 미치는 영향

심리학자 루크^{Luke}와 동료들은 안정적인 인간관계를 맺을 때 우리의 에너지 수준이 어떻게 변화하는지에 관한 연구 결과를 발표했다.[9] 실험 참가자는 18 세부터 55세 사이의 여성 102명으로, 이들은 두 집단으로 나뉘어 서로 다른 질문을 받았다.

A 집단

당신이 알고 있는 사람들 가운데 처음부터 다가가기가 편했고 쉽게 의지할 수 있었던 사람을 떠올려보세요. 그 사람이 당신을 버릴 거라고 전혀 걱정하지 않았고, 그 사람과 너무 가까워지는 것에 대해서도 걱정할 필요가 없었던 사람을 떠올려보세요.

B 집단

당신이 알고 있는 사람들 가운데 가까워지기를 원하지 않는 듯한 느낌을 준 사람을 떠올려보세요. 그 사람이 당신을 싫어할까 봐, 사랑하지 않을까 봐, 당신과 함께 있고 싶어 하지 않을까 봐 걱정했던 사람을 떠올려보세요. 또 그 사람에게 가까이 다가가려고 하면서도, 너무 가까이 다가가면 그 사람이 오히려 도망갈까 봐 걱정했던 사람을 떠올려보세요.

다음 단계에서 실험 참가자들은 그 사람과의 관계를 떠올릴 때 얼마나 안정감을 느끼는지, 얼마만큼의 에너지가 느껴지는지에 대해 응답했다. 분석 결과, 안정적이고 의지할 수 있는 관계를 떠올린 사람들이 불안한 관계를 떠올린 사람들보다 더 높은 에너지 수준을 나타냈다. 안정적인 관계를 떠올린 사람들은 5점 만점에 평균 4.22점의 에너지를 느낀 반면, 불안한 관계를 떠올린 사람들은 평균 3.33점의 에너지를 느끼는 데 그쳤다.

우리가 맺는 인간관계가 에너지 수준을 높이는 중요한 요소임을 다시 한 번 상기시켜주는 연구다.

나는 에너자이저일까,
디에너자이저일까?

—

다음은 자신의 에너지 보유량을 진단해볼 수 있는 간단한 테스트다.10 아래 질문들에 답해보라. 혹은 아래 질문들을 가지고 친구나 직장 동료 등 주위 사람들에게 당신에 대해 물어보라. 이 질문을 통해 당신은 자신이 에너자이저인지 디에너자이저인지 확인할 수 있다(각각의 질문에는 '질문이 포함한 진실'이 함께 적혀 있다).

01 직장과 일상에서 새로운 관계 형성을 위해 노력하고 있는가?········ ☐
    (다른 사람을 위한 배려와 인간적인 유대감을 통해 신뢰 관계를 형성할 수 있다)

02 반드시 이행하겠다고 약속한 내용은 지키는 편인가?··············· ☐
    (사람들은 약속한 내용을 이행할 것이라는 믿음이 있을 때, 당신에 대한 의구심을 버린다)

03 어려운 문제를 해결할 때 진실한 태도를 보이는가?··············· ☐
    (사람들은 대의를 위해 분연히 일어서는 사람을 볼 때 에너지를 느낀다)

04 어떤 문제가 발생하면 가능성을 찾는 편인가, 제약과 장애물을 찾는 편인가?·· ☐
    (디에너자이저는 성공을 방해하는 장애 요인에 집중함으로써, 새로운 아이디어나 비전이 있어도 제대로 시행하지 못한다)

05 상대방과 의견 대립이 있을 때 대립되는 이슈에만 집중하는가, 아니면 상대방을 공격하기도 하는가? ························· □
(에너자이저는 의견 대립이 있어도 상대방을 곤란하게 만들지 않는다)

06 다른 사람과의 미팅이나 대화에서 정신적, 신체적으로 몰입하는 편인가? ··· □
(에너자이저는 대화 상대뿐만 아니라 대화 내용에도 정신적, 신체적으로 몰입한다)

07 열린 사고를 가지고 있는가? 아니면 자신의 사고방식에 따를 것을 강요하는 편인가? ···································· □
(에너자이저는 다른 사람들이 대화나 프로젝트에 기여할 수 있는 부분을 찾아 그들이 참여할 수 있는 기회를 제공한다)

08 전문 영역을 적절하게 이용하고 있는가? ···················· □
(많은 전문가와 리더들이 일방적으로 해결책을 제시해버리거나 자신의 전문 지식을 과시하려다가 오히려 다른 사람의 에너지를 파괴해버리곤 한다)

/
'그렇다'가 6개 이상일 때 : 당신은 꽤 괜찮은 에너자이저다. 다른 사람과의 관계에서 문제가 생겨도 상대방을 공격하기보다는 문제 자체에 집중함으로써, 상대방의 에너지를 위축시키지 않는다.

'그렇다'가 3~5개일 때 : 당신은 일상생활에서 보통 수준의 에너지와 활력을 유지하고 있다. 때론 자신에게 주어진 약속만 이행하는 경향을 보이기도 하지만, 가끔씩 새로운 아이디어도 제시하는 편이다.

'그렇다'가 0~2개일 때 : 당신은 디에너자이저의 길로 접어드는 중이다. 자신의 리더십을 강조하기 위해 자신의 사고방식을 강요함으로써, 다른 사람의 에너지를 소모시키곤 한다.

바닥난 에너지,
어떻게 채워야 할까?

—

암울 모드에서 탈출할 방법 찾기

내가 진정한 에너자이저라고 믿는 더튼 교수도 하루하루 에너지 불꽃이 사그라지는 기분으로 살던 시절이 있었다. 겉으로는 대단히 성공적인 커리어로 장식된 삶이었지만, 내면에는 어둠의 그늘이 드리워져 하루하루를 버티기가 힘들었다. 그는 논문 한 편 한 편, 강의 하나하나가 끝날 때마다 죽어가는 느낌이었다고 한다.

- 좋은 아이디어가 전혀 떠오르지 않고, 남에게 비판적이었다.
- 모든 성과물이 힘겨운 노력의 산물이었고, 너무나도 많은 업무가 산적해 부담감에 짓눌려 살았다.

그런데 그 암울한 상태에서 일단 벗어나자 전혀 다른 경험들이 기다리고 있었다.

- 주체할 수 없을 정도로 많은 아이디어들이 떠올랐다.
- 결점이나 단점보다는 가능성과 장점이 더 많이 보였다.
- 새벽같이 일어나 의욕적으로 움직이기 시작했다.
- 현재 자신이 하고 있는 일, 그리고 동료들과 함께 하는 일이 즐거웠다.

이 같은 변화가 어떻게 가능했을까? 차갑게 식은 마음에 열정의 불꽃이 일고 황폐했던 일상이 다시 생명력을 가지게 된 원인은 무엇이었을까? 더튼 교수가 제시하는 세 가지 방법을 배워보자.[11]

● 관심 있는 일을 찾아 그 일에 매진하라

더튼 교수는 조직 내 인간관계 양상과 그것이 미치는 영향에 깊은 관심을 가지고 있던 학자다. '좋은 성과를 내는 데 긍정적인 인간관계가 얼마나 중요한가'는 그의 지속적인 관심사였다. 그러나 이 주제를 본격적으로 연구할 수 있는 에너지를 내는 데는 12년이나 걸렸다. 대학에서 요구하는 연구 실적을 채우고 강의와 행정 업무 등에 시간을 할애하다 보니, 정작 자신이 하고 싶었던 연구는 뒤로 미룰 수밖에 없었던 것이다. 오랜 기간 마음속에 품어왔던 연구를 할 수 있는 기회가 왔을 때도 순조롭지 않았다. 연구에 참여할 조직이나 사람들을 찾는 과정도 쉽지 않았고, 학장에게 연구에 대해 설명하는 과정에서도 어려움에 부딪쳤다. 자신의 연구가 경영학에 어떤 기여를 할 수 있는지 설득하는 일이 만만치 않았다. 그러나 일단 연구를 시작하자 자신이 열망한 만큼 에너지가 솟아났고, 즐거움을 느낄 수 있었다. 흥미를 느끼는 일을 하면 비록 난관이 있을지라도 에너지가 고갈되지 않는다.

● 영감을 주는 일에 몰두하라

더튼 교수는 병원 청소부들이 환자와 인간관계를 맺으면 그렇지 않을 때보다 훨씬 능률적으로 일한다는 사실을 밝히는 등, 긍정적인 인간관계의 효과에 대해 지속적으로 연구해왔다. 결코 쉬운 연구는 아니었지만 그는 진행 과정을 통해 새로운 활력과 에너지를 얻을 수 있었다. 이를테면 연구에 참여한 이들을 인터뷰할 때 그런 경험을 한다. "직장에서 의욕이 넘치는 경험을 한 적이 있나요? 그 경험에 대해 이야기해줄 수 있습니까?" 하고 물으면 인터뷰 대상은 마치 그런 상황에 있는 것처럼 즐거운 표정으로 그때의 기분을 되살리며 이야기를 들려준다. 바로 그 순간, 활기차고 즐거운 대답을 듣는 순간에 더튼 교수 역시 활력을 느끼는 것이다.

이들을 통해 더튼 교수는 한 가지 믿음을 갖게 되었다. 성과와 목표를 강조하고 문제 해결에만 중점을 두는 경영이 아닌, 구성원들이 살아 있음을 느끼고 에너지를 얻는 조직을 만드는 데 초점을 두는 경영이 훨씬 가치 있다는 믿음이었다. 더튼 교수는 이들이 들려준 이야기를 전달하는 일이 자신의 임무라고 생각한다. 여러 사람들의 다양한 이야기들을 엮어 하나의 스토리로 보여줌으로써, 조직과 조직 구성원들을 새로운 시각으로 바라볼 수 있도록 도와주는 것이 자신의 중요한 역할이라 여기는 것이다. 이 과정에서 그는 학생의 입장이 되어 응답자들로부터 많은 것을 배우고 영감을 얻는다. 그 속에서 배우고 발전하고 있다고 느낄 때 에너지가 생성되는 것이다.

● 협력을 통해 함께 성장하라
더튼 교수는 공동 연구를 많이 한다. 다른 사람들과 함께 연구를 진행하는 이유는 여러 가지가 있다. 우선 공동 연구가 재미있고 더 효율적이다. 혼자 할 때와는 달리 게으름을 피울 수도 없다. 그러나 무엇보다 중요한 것은 공동 연구자들로부터 얻게 되는 중요한 조언, 심리적 지원 그리고 함께 성장해간다는 느낌이 더 많은 에너지를 불러일으킨다는 점이다.

더튼 교수의 예에서 알 수 있듯이, 하고 싶은 일을 하고 그 일에서 배우는 것이 많을 때는 그 일이 아무리 어려워도 에너지를 얻는다. 더튼 교수는 본인이 직접 그런 경험을 함으로써 그의 삶을 긍정적으로 변화시켰다. 또한 주변 사람들에게도 에너지를 전달할 수 있었다.

가끔 하루살이 인생임을 확인하기 위해 사는 것처럼 연명하듯 시간을 보내고 있다는 느낌이 들 때가 있다. 그럴 때 더튼 교수님을 떠올리면 마음이 따뜻해지면서 '그래, 다시 힘을 내는 거야!'라고 마음을 다

잡게 된다. 참 신기하다. 더튼 교수님이 자신의 연구에 대해 아이처럼 신이 나 열정적으로 이야기하던 모습을 떠올리면 입가에 절로 미소를 짓게 된다. 내 주변에 다른 에너자이저들도 있지만, 더튼 교수님을 떠올렸을 때 더 힘이 나는 데는 이유가 있다. 그녀는 우리가 겪을 수 있는 힘들고 무기력한 상태를 경험했고, 어려움을 딛고 일어나 진정한 에너지의 원천을 찾은 분이기 때문이다. 그래서 더 공감이 되고, 나도 그녀처럼 무기력한 일상에서 나만의 에너지 원천을 찾을 수 있을 것이라는 희망을 갖게 된다.

더튼 교수님이 어느 날 내게 해주신 이야기가 떠오른다. 그녀는 자신의 몸에서 조금씩 에너지가 새어나가 어느 순간 에너지 창고가 바닥을 드러내고 있음을 절감한 시절이 있다고 말씀했다. 박사학위를 마치고 뉴욕 대학교New York University에서 교편을 잡았을 때였다. 아무리 최선을 다해 연구를 하고 논문을 써도 학술지에서는 계속 퇴짜만 놓았다. 초기에 뛰어난 연구 성과를 보이지 못하면 재계약조차 힘든 대학이었기 때문에, 더튼 교수님의 불안감과 초조함은 높아만 갔다. 게다가 남편도 똑같이 바쁜 초년 교수라 도움을 기대하기 힘들었다.

그러던 어느 날 대학에서 한 학기를 강의 없이 연구에만 몰두하는 것이 어떻겠냐는 제안을 해왔다. 교수님은 그 기간 동안 연구에만 전념해 논문을 학술지에 발표하는 성과를 얻을 수 있었다. 그런데 그러한 성과에도 신나고 에너지 넘치는 경험은 하지 못했다고 한다. 샘솟는 에너지를 느낄 기회는 그 다음에 찾아왔다. 남편과 함께 미시간 대학으로 오라는 초청을 받아 대학을 옮긴 후, 그곳에서 연구 업적을 더 쌓아 정년을 보장받게 된 것이다.

더튼 교수님의 에너자이저로서의 삶은 대학으로부터 정년을 보장받은 이후부터였다. 그 이전까지는 정년을 보장받기 위해 연구를 하고 논문을 쓴 것이었지, 자신이 진정으로 하고 싶은 연구를 한 것은 아니었다. 조직과 팀 내에 긍정의 소용돌이를 어떻게 일으킬 수 있는지, 사람들 간의 끈끈하고 신뢰 있는 관계가 조직 생활에 얼마만큼의 에너지를 줄 수 있는지 등, 직장인들이 건강하고 활기차게 자신의 잠재력과 가능성을 발현하며 일할 수 있는 방법을 연구하는 것이 더튼 교수님에게 큰 의미와 가치를 지닌 목표였다고 한다. 그런데 그때까지만 해도 이런 연구 주제들은 학계에서 보편적인 주제들이 아니었기에, 연구를 진행할 수 없었고 정년을 보장받은 이후에야 본격적으로 정말 하고 싶었던 연구를 시작할 수 있었다. 그토록 오랜 기간 갈망해왔던 연구들이기에 에너지를 온전하게 쏟아 부은 것은 어쩌면 당연한 일이었다. 의미 있는 연구를 하기 위해서 한 번 뼈를 물면 놓지 않는 강아지처럼 끈질기게 도전한 결과였다.

이처럼 자신이 진정으로 추구하는 목표를 찾는 것 자체만으로도 큰 에너지를 경험할 수 있다. 혼신을 다해 목표를 달성해가는 과정 자체가 넘치는 에너지와 활력을 준다. 또한 최종 목표 지점을 향해 한 걸음 두 걸음 나아가고 있다는 성취감은 에너지의 큰 원천이 되기 때문이다.

2장

—

에너자이저의 특징1
_목표를 향한 추진력

**에너자이저는
의미 있는 목표에
전심전력한다**

ENERGIZER

목표를 끝까지 관철하고 말겠다는 집념은 기개가 있는 자의 정신을 단단히
받치고 있는 기둥이며 성공의 최대 조건이다. 이것이 없다면 아무리
천재라 할지라도 이리저리 방황하게 되고 헛되이 에너지를 소비할 뿐이다.
_ 필립 체스터필드(영국의 정치가이자 문필가)

의미는
에너지를 만든다

—

한 마을에 노인이 살고 있었다. 동네 꼬마들은 하루가 멀다 하고 노인의 집 앞에서 시끄럽게 놀았다. 소음을 참다못한 노인은 무언가 한참 궁리하더니 아이들에게 이렇게 제안했다. "내일 아침에도 우리 집 앞에서 떠들고 놀면 내가 한 사람당 천 원씩 주마!"

다음 날 아침, 동네 아이들은 노인의 집 앞에서 신나게 놀았다. 노인은 아이들에게 천 원씩 나눠주며 이렇게 제안했다. "내일 아침에도 우리 집 앞에서 떠들고 놀면 내가 한 사람당 오백 원씩 주마!" 다음 날 아침에도 노인은 아이들에게 오백 원씩 나눠주고는 또 한 번 제안했다. "내일 아침에도 우리 집 앞에서 떠들고 놀면 십 원씩 주마!" "십 원이오? 에이, 시시해." 아이들은 하나 둘 그 자리를 떠났다. 다음 날도 그 다음 날도 아이들은 노인의 집 앞에 나타나지 않았다. 아이들은 떠들고 노는 것 자체를 즐거워했는데, 순수한 놀이에 액수까지 줄여나가며 보상을 하자 재미가 사라진 것이다. 노인의 전략은 성공했다.

일 자체에서 즐거움과 흥미를 느끼지 못하고 오로지 돈 때문에 일하는 상황이 된다면 얼마나 불행할까. 돈이 최고의 행복이라고? 아니다. 돈은 생각만큼 큰 의미를 갖지 못한다. 그렇다면 돈은 우리가 하는 일에 얼마나 큰 의미를 부여할 수 있을까? 열심히 일해서 높은 성과를 달성하고 두둑한 보너스가 통장에 들어온 것을 확인하는 게 최고의 행복일까? 사실 이 질문은 내가 학생들에게 즐겨 하는 질문들 중 하나다. 학부 학생들이나 MBA 학생들에게 이렇게 물어보면 열 명 가운데 아홉 명은 "그렇죠"라고 대답한다. 돈이 중요하다는 것이다. 연봉을 더 많이 주는 직장으로 옮겨가는 것도 당연한 일이라고 이야기한다.

보너스가 들어온 통장을 확인하면 기쁘고 뿌듯한 것이 사실이다. 그 기분은 그날 밤까지 계속된다. 그런데 다음 날 아침이 되면 언제 보너스를 받았나 싶게 까맣게 잊어버린다. 그저 변함없는 일상이 시작되는 똑같은 아침일 뿐이다. 몇몇 사람들에게 물어보니 이런 경험은 나뿐만 아니라 다른 사람들도 하고 있었다.

일에 대한 금전적인 보상이 주는 만족은 그 지속력이 크지 않다. 이는 많은 경영학자들이 예전부터 지적해온 사실이다. 동기유발 이론으로 유명한 미국의 경영학자 프레드릭 허즈버그Frederick Herzberg에 따르면, 의욕을 불러일으키는 요인은 돈이 아니다. 그보다는 일을 통해 많은 것을 배우고 성장했다는 느낌, 가치 있는 성과를 이뤄냄으로써 인정받고 다른 사람들에게도 기여했다는 느낌이야말로 에너지를 만드는 요인이다.

금전적 보상은 쉽게 잊히고 효력도 금세 사라진다. 하지만 일을 통해 느끼는 자부심과 성취감은 쉽사리 사그라지지 않는다. 사회심리학자인 드시Deci와 플래스트Flaste의 연구 결과를 보자.[1] 특정 행동에 대해 보상을 받은 사람은 보상이 사라지자 그 행동을 하는 횟수가 줄어들었다. 게다가 보상을 받기 이전보다도 행동의 빈도수가 떨어졌다. 보상이 일에 대한 내재적 동기를 파괴해서 일 자체의 재미를 빼앗을 위험이 있음을 보여주는 결과다. 보상은 단기간에 바짝 성과를 올리는 데는 효과가 있을지 모르나, 장기적으로는 일에서 의미를 찾는 것이 더 큰 성과를 가져온다.

우리는 인생에서 가장 중요하고 가치 있다고 여기는 일을 할 때 에너지를 느낀다. 자신이 하고 있는 일이 의미 있다고 생각할 때 집중할 수 있고, 어려움이 닥쳐도 인내할 수 있다. 의미를 찾는 일은 매일 밥을 먹는 것만큼이나 중요하다. 무의미한 일을 하고 있을 때 우리는 어떤가. 에너지가 바닥을 치고 능률이 급격히 저하된다. 반면 의미 있는 일을 할 때는 에너지가 샘솟고 능률도 높아져 좋은 성과를 낸다.

매우 흥미로운 예가 있다. 흡연 여성들은 임신으로 담배를 끊어도 금단 증상이 거의 나타나지 않는다. 금연이라는 목표가 깊은 의미(태아의 건강)와 연결됨으로써, 목표를 달성하는 과정이 힘들지 않기 때문이다. 에너자이저는 삶을 성찰하는 과정에서 자신이 하는 일의 가치를 깨닫는다. 디에너자이저는 이를 깨닫지 못하고 늘 불평을 늘어놓는다. 에너자이저와 디에너자이저의 차이는 클 수밖에 없다.

일의 가치를 느끼는 목표

목표가 있다는 생각만으로도 사람들은 에너지를 느낄 수 있다. 나의 대학 시절을 떠올려보면 목표가 없어 한동안 무기력하게 방황하며 보냈던 때가 있었다. 고등학교 때까지는 좋은 대학에 입학해야 한다는 목표 하나만을 바라보고 달려오다가, 막상 대학에 입학하고 나니 명확했던 목표가 사라져 당황스럽고 공허했던 것 같다. 목표를 추구하는 과정에서 우리는 에너지를 느낀다. 그런데 목표들 중에서도 나의 에너지 레벨을 더욱 상승시킬 수 있는 목표가 따로 있다. 내게 신바람을 일으키고 나의 에너지 창고를 풍요롭게 만들어주는 목표는 과연 어떤 특징을 가지고 있을까?

첫째, 세상의 성취와 관련된 목표이면서도 내게 행복감을 주는 목표일 때 에너지가 생긴다. 대학의 승진 요건을 만족시키기 위해 논문을 학술지에 열심히 발표하고 연구 점수를 채워보지만, 그 과정에서 내가 의미 있고 가치 있는 연구를 한다는 느낌을 받지 못하면 불행하다는 느낌이 든다. 그저 승진을 위해, 연구 점수를 따기 위해 점수 게임을 하고 있다는 생각이 들면 자괴감이 엄습하기 마련이다. 누가 봐도 인정할 만하고 내게 기쁨과 만족감, 행복을 주는 업적이어야 진정한 의미와 가치가 생기기 때문이다. 그러한 목표를 위해 노력할 때 긍정의 감정이 증폭되어 나타나는 긍정 에너지를 경험할 수 있다.

둘째, 내가 추구하는 목표가 나 한 사람의 성공을 위한 것이 아닌, 더 많은 사람들에게 의미와 희망을 줄 수 있는 목표일 경우 더 큰 에너지를 느낄 수 있다. 경영학자 그랜트Grant, 더튼, 로소Rosso는 한 미국 대학의 발전기금 마련을 위해 졸업생들에게 전화연락 업무를 하는 직원들을 대상으로 연구를 진행했다.[2] 이 직원들에게 인터뷰와 설문조사를 실시한 결과 매우 흥미로운 사실을 밝혀냈다. 이들 중 일부 직원들은 자신들이 모금한 기금으로 장학금을 받은 학생들을 직접 만나 감사 인사를 받았고, 나머지 직원들은 수혜 학생들을 만나지 않고 모금 업무만을 담당했다. 그런데 직접 학생들을 만나 감사 인사를 들은 직원들은 그렇지 않았던 직원들에 비해 훨씬 더 많은 졸업생들에게 전화연락을 했다. 한 주에 평균 1시간 47분의 전화연락을 하던 직원들이 학생들을 만나 감사 표현을 들은 후, 평균 4시간 20분의 전화연락을 한 것이다.

또한 모금 액수도 훨씬 더 많은 것으로 나타났다. 이전에 주당 평균 411.74 달러의 기금을 확보하던 직원들이 학생들로부터 감사 표현을 들은 이후에는 다섯 배가 넘는 2,083달러의 기금을 모았다. 연구 결과를 통해 우리는 업무 성과를 높여서 좋은 고과 성적을 받고 승진하기 위한 목표보다는, 자신이 담당하는 업무를 통해 경제적으로 어려운 학생이 학업을 지속할 수 있다는 의미를 찾았을 때, 일에서 더 큰 에너지를 느끼고 더 뛰어난 성과를 이룰 수 있다는 사실을 알게 된다.

적정한 수준의 목표를 스스로 선택하기

에너지를 높이는 목표의 또 다른 특징은 심리학자 라이언^{Ryan}과 드시의 '자기결심/결정 이론^{self-determination theory}'에서 찾을 수 있다.[3] 목표의 내용과 달성 과정에서 더 큰 활력과 에너지를 경험하기 위해서는 세 가지 요소 – 자율성^{autonomy}, 역량의 증진^{competence}, 소속감^{belongingness} – 가 갖춰져야 한다는 이론이다. 이들 요소는 인간의 본질적인 심리적 욕구로서, 이 세 가지를 경험할 때 사람들은 더욱 동기 부여가 되고 열정과 의욕을 느낀다.

자율성은 자신의 행동을 스스로 선택하고 결정할 때 경험하는, 에너지의 중요한 원천이다. 즉, 자신이 추구하는 목표를 누군가가 정해주지 않고 스스로 결정했을 때 더 큰 에너지를 느낀다. 또한 목표의 달성 과정도 다른 사람이 시시콜콜 지시하는 것이 아니라 자신이 스스로 구상하고 계획하고 결정해서 추진할 때 더 큰 에너지를 경험한다. 자율성은 책임과 직결되는데, 스스로 선택하여 내린 결정일수록 책임감이 커지기 마련이다. 목표에 대한 책임감은 더 많은 노력과 에너지를 쏟게 하는 힘이 있다.

나 자신을 성장시키고 발전시키는 목표, 목표를 추구하는 과정에서 나의 역량을 증진시키고 개발할 수 있는 목표를 추구할 때 더 강력한 에너지를 느낄 수 있다. 너무 쉬워서 나의 지식과 역량, 스킬이 별반 높아질 것 같지 않는 목표에서는 에너지를 느끼기가 어렵다. 그렇다고 너무 어려운 목표를 세우는 것도 바람직하지 않다. 에너지를 주기는커녕 시작하기도 전에 지레 포기하게 만들기 때문이다. 적정한 수준의 도전정신을 갖게 하는 목표를 설정할 때 더 적극적이고 의욕적으로 목표에 몰입하기 쉽다.

지금은 끊임없이 '나'라는 브랜드를 다듬고 개발하여 명품 브랜드로 만들어가려는 노력이 필요한 시대다. 우리 아버지 세대에서 흔히 볼 수 있었던, 한 조직에서 커리어를 시작해 그곳에서 커리어를 마치는 '조직인organization man'의 모습이 점차 사라지고 있다. 대신 '나'라는 브랜드의 가치를 키우기 위해 더 나은 직장, 더 가능성 있는 직종으로 변화를 추구하는 '경계 없는 커리어boundaryless career'에 대한 관심이 높아지고 있다. 나 자신을 지속적으로 성장, 발전시킬 수 있는 목표를 설정하고, 목표 달성을 위해 의욕적으로 노력을 쏟아 붓는 에너지가 점점 중요해지고 있다.

목표를 추구하는 과정에서 지치지 않고 처음의 에너지와 모멘텀을 유지하기 위해 꼭 필요한 것은 주위의 격려와 도움이다. 자기결심/결정 이론에서 제시하는 마지막 요소 '소속감'과 관련 있는데, 의미 있는 인간관계에서 유대감을 느끼고 그 관계에 소속되어 있다는 생각을 함으로써 사람들은 자신의 가치를 확인하고 에너지를 경험한다.[4] 목표를 추구하는 과정이 자기 자신과의 싸움인 것 같아 외롭다는 느낌이 들 때가 있다. 그럴 때 주변 사람들이 도와주고 지지해주며 결코 혼자가 아니라는 확신을 준다면 얼마나 큰 힘이 되겠는가? 자신과의 싸움에 질 것 같고 힘겨워 포기하고 싶은 생각이 들 때마다, 소중한 사람들이 나를 응원하고 있다는 믿음은 다시 일어설 힘을 준다.

이처럼 목표가 주는 에너지와 목표 달성 과정에서 경험하는 에너지가 중요한 이유는 무엇일까? 에너지는 세 가지 핵심 요소로 이루어져 있으며[5], 이 세 가지 요소들로 인해 긍정적인 결과를 불러일으킨다.

첫째, 정서적 차원으로 목표에 대해 느끼는 열정과 흥분 등 점차 고조되거나 강도가 높아지는 긍정적인 감정 상태를 의미한다. 나에게 의미 있고 가치 있는 목표를 생각하고 어떻게 하면 성공적으로 목표를 달성할 수 있을까 계획을 세우는 것만으로도 유쾌하고 열정적인 감정이 고조될 수 있다. 이처럼 강도 높은 긍정적 감정 상태는 목표 달성을 위한 에너지의 중요한 원천이다.

둘째, 인지적 차원으로 내가 세운 목표에 집중하고 목표 달성을 위한 노력에 자신을 온전히 몰입시키는 상태를 의미한다. 에너지를 가지고 목표를 향해 달려가는 과정에서는 한눈을 판다든지 주의가 분산된다든지 하는 일이 일어날 가능성이 희박하다. 왜냐하면 어떤 목표에 대해 강한 에너지를 느낄 때는 다른 생각을 하기가 어렵기 때문이다. 이와 같은 집중력과 몰입이야 말로 우리가 소망하는 결과를 이루기 위한 원동력이라고 할 수 있다.

셋째, 행동적 차원으로 목표에 대한 열정과 집중력을 바탕으로 최선의 노력을 다해 경주하는 상태를 의미한다.

에너지를 경험할 때는 자신의 열정, 집중력, 행동 모두가 한 가지 목표를 향해 정렬된다. 정서적 차원의 열정과 신바람 및 의욕, 인지적 차원의 집중력과 온전한 몰입, 그리고 행동적 차원의 최선을 다하는 노력과 실행력을 통해 결과적으로 우리가 추구하는 목표를 이루는 것이다.

의미 있는 목표 설정과 달성이 에너지를 전달하는 과정

에너지를 느낄 수 있는 목표	목표 달성 과정에서 느끼는 에너지 증폭 요인
성취감과 행복감을 주는 목표	자율적으로 목표 달성 과정을 결정하는 것(자율성)
강점을 살릴 수 있는 목표	목표 달성 과정에서 배우고 성장한다는 느낌(역량의 증진)
타인에게 긍정적인 영향을 미치고 공감을 이끌어내는 목표	주변 사람들이 나를 도와주고 지지해주며, 혼자가 아니라는 느낌(소속감)
	목표 달성 과정에서 나의 에너지로 인해 주변 동료들이 느끼는 에너지(에너지 전염 효과)

목표 달성 과정에서 느끼는 에너지
정서적 측면 : 목표에 대해 느끼는 열정, 흥분, 유쾌함 등의 감정이 고조된 긍정적 정서 상태
인지적 측면 : 목표에 대한 집중과 온전한 몰입 상태
행동적 측면 : 목표 달성을 위해 최선의 노력을 다하는 행동의 발현 상태

일에서 긍정적인 의미를 발견하는 사람이
에너지 레벨도 높다

니센^{Niessen}, 소넨탁^{Sonnentag}, 사크^{Sach}가 사회복지 영역에서 근무하는 121명의 사람들을 대상으로, 자신의 일에서 긍정적인 의미를 찾는 일이 에너지와 활력에 어떤 영향을 미치는지에 대해 연구한 결과가 있다.[6]

연구 참가자들은 실직자들을 위해 재정적 지원과 구직 기회, 재취업을 위한 직업훈련 등의 서비스를 제공하는 일을 담당하는 직원들이었다. 이들은 닷새에 걸쳐 하루 세 번씩 설문에 응답했는데, (1) 아침에 근무를 시작하고 나서 두 시간 뒤, (2) 점심시간, (3) 근무를 마치는 시간에 조사가 이루어졌다.

데이터를 분석한 결과, 아침 근무 시간에 자신의 일을 긍정적으로 생각하고 의미 있는 일이라고 느낄수록 근무를 마치는 시간에 느끼는 에너지와 활력 수준이 더 높았다. 또한 더 많이 배우고 성장 발전했다는 느낌을 받는 것으로 나타났다. 비록 적은 월급과 격무에 시달리지만, 도움이 필요한 실직자들을 위해 일한다는 긍정적 의미를 발견한 직원이 더 큰 의욕과 에너지를 가지고 업무에 임하는 것이다. 또한 하루의 시작인 아침 업무 시간에 자신이 하는 일에서 긍정적인 의미를 느낀 날은, 그날 하루 동안 많은 것을 배우고 자신이 성장 발전했다는 느낌까지 받았다. 자기 일에서 의미를 찾는 것이 얼마나 중요한지 보여주는 연구 결과다.

에너자이저의
목표 세우기

—

삶의 목표는 어디에

에너자이저에게는 분명한 목표가 있다. 여기서 목표란 업무와 관련된 것일 수도 있고, 인생의 커다란 지침이나 방향일 수도 있다. 인생 목표라 함은 개인적인 삶에 관한 것이나 가족 혹은 이웃에 대해 사랑을 실천하는 것일 수도 있고, 국가적 차원의 원대한 포부일 수도 있다. 그런데 삶의 목표는 결코 하루아침에 찾아지지 않는다. 1, 2년으로 끝나는 짧은 인생이 아니고, 선택의 길은 무수히 많지만 쉬운 일이 없어 궁극적으로 내가 원하는 게 뭔지 잘 보이지 않는다.

가고 싶은 길은 있지만 현실적으로 불가능한 것 같다. 그냥 그때그때 주어지는 대로 살까……. 하지만 안 될 말씀이다. 시간이 걸려도 목표를 찾아야 한다. 목표가 없으면 자신의 에너지를 어디에 쏟아야 할지 몰라 갈팡질팡하기 쉽다. 올해도, 내년에도, 5년 후에도, 10년 후에도 마찬가지다. 그러다보면 결국 방향성 없이 표류하다 흘러가는 인생이 되어버린다.

돈과 명예를 인생의 목표로 삼을 수도 있을 것이다. 성취 욕구가 강한 사람들은 에너지 레벨도 높아서 맡은 일마다 자신의 에너지를 쏟아 붓는다. 계약을 성사시키고, 프레젠테이션을 성공적으로 마치고, 협상을 유리하게 이끌고, 최우수직원상을 받는다. 가시적이고 구체적인 결과들은 무언가를 성취했다는 느낌을 강하게 준다. 이렇게 해서 승진을 계속하고 돈과 명예가 따라오는 자리까지 올라가는 멋진 커리어를 쌓을 수도 있다. 반면 가족에게 투자하는 에너지는 즉각적인 성취감을 주지 않는다. 그렇기 때문에 일에 대한 성취와 업적을 위해 달려가는 과정에서 가족의 존재는 뒷전으로 밀리는 경우가 종종 있다. 가족이야말로 에너지의 중요한 원천이라는 사실을 망각했을 때 저지를 수 있는 실수다.

그렇다면 우리는 어떤 목표를 세워야 할까? 어떤 목표가 우리로 하여금 모멘텀을 잃지 않고 끊임없이 에너지를 느끼며 나아가게 할 수 있을까?

성공한 벤처 투자가가 있다. 그는 다음 투자처를 결정하기 위해 골머리를 앓고 있다. 투자처가 결정되면, 앞으로 7년간 투자와 자문 업무에 모든 에너지를 쏟아 부어야 한다. 그 동안 소홀했던 가족에게도 신경을 쓰고 싶은데, 다른 투자가들만큼 열심히 일하지 않으면 도태

될 것 같아 항상 불안하다. 이렇듯 금전적인 면에서나 커리어적인 면에서나 무척 성공한 삶 같아 보이지만 불안감에 쫓기며 산다면 그것이 과연 진정으로 성공한 삶일까? 이 투자자가 성공적이고 행복한 삶을 위해 목표를 세울 때 고려해야 할 점은 무엇일까?

의미 있는 목표가 되기 위한 네 가지

내쉬Nash와 스티븐슨Stevenson은 성공한 전문가 60명의 인터뷰와 하버드 경영대학원 최고경영자 과정 수강생 90명을 대상으로 한 설문조사 등을 분석하여, 성공의 네 가지 요소를 알아냈다.[7] 우리의 삶이 행복해지고 주변 사람들에게 에너지를 주는 진정한 성공에는 이 네 가지 요소가 필수적이었다.

- **행복**happiness: 삶에 대해 느끼는 기쁨과 만족감
- **성취**achievement: 세상이 일반적으로 추구하는, 좋은 성과를 이루었다는 자부심
- **의미/의의**significance: 소중하게 생각하는 사람들에게 긍정적인 영향을 미쳤다는 느낌
- **유적**legacy: 자신이 이룬 업적이 사람들로 하여금 미래에 대한 희망을 가질 수 있게 했다는 뿌듯함

이 네 가지를 균형 있게 추구하는 목표라면, 그 목표는 우리의 에너

지를 샘솟게 한다.

내 어머니의 예를 들 수 있겠다. 내 어머니는 나이 쉰을 넘어 오카리나를 배우기 시작했다. 누구보다 열심히 연습하고 수업 준비를 해 가시더니 얼마 안 가 무대에서 연주할 만큼 실력이 급성장했다. 지난해에는 함께 오카리나를 배운 이들과 송년 연주회를 열었는데, 〈꽃밭에서〉를 얼마나 멋지게 연주하셨는지 모른다. 그 작은 악기로 그토록 심금을 울리는 소리를 낼 수 있다는 사실이 감탄스러웠다.

어머니는 요즘도 종종 공연을 다니시고, 집안 행사에서도 오카리나 연주를 한다. 얼마 전부터는 장애인들에게 오카리나를 가르치는 일도 시작하셨다. 오카리나를 연주하는 어머니의 모습은 무척이나 평온하고 행복해 보인다(행복). 새로운 악기를 시작하는 것은 하나의 도전으로, 기술을 마스터하고 무대에 서기까지는 부단한 연습과 끈기가 필요하다. 연주를 잘 해냈을 때의 성취감은 말할 수 없이 크다(성취). 또한 장애인들에게 오카리나를 가르치는 일은 사회에 긍정적인 영향을 미치고, 다른 사람들에게도 뜻있는 일에 동참하고자 하는 의욕을 불러일으킨다(의미). 쉰이 넘은 나이도 새로운 일을 시작하기에 결코 늦은 나이는 아니라는 메시지를 주는 것 역시 다른 사람들의 의욕을 북돋는 효과가 있다(유적). 어머니는 진정한 목표를 찾은 것 같다.

아래의 표를 활용하여 작성해보면, 당신의 목표를 분석하는 데 도움이 될 것이다. 표 안에 예시로 내가 생각하고 고민해본 내용들을 적어 보았다. 직접 적어 보니 지금 내가 생각하는 나의 삶의 목표가 매력적으로 느껴진다. 추상적이기도 하지만, 그렇기 때문에 여러 가지 그림을 그려볼 수 있는 폭이 더 넓어지는 것 같다.

성공의 네가지 요소

행복	
나	기독교인이라는 기쁨
가족	가족과 함께 보내는 시간
직장	좋은 동료들과 함께 하는 연구
사회	다른 사람에게 선한 영향력을 미침

성취	
나	어려운 일을 해냄
가족	아이들이 올바른 사람으로 성장
직장	좋은 연구를 하고 충실하게 강의
사회	다른 사람에게 인정받음

의미	
나	선한 목표를 추구
가족	맡은 일을 잘 해내 가족이 기뻐하고 자랑스러워함
직장	내가 가르치는 학생들에게 자신감과 에너지를 전파
사회	긍정적인 변화를 가져올 수 있는 연구와 강의를 통해 기여

유적	
나	'나'라는 사람이 이 세상에 살았다는 족적
가족	아이들이 행복한 사람으로 자라 긍정적인 영향을 미침
직장	지적, 인격적으로 뛰어난 학생들을 배출
사회	내가 가르친 학생들이 사회에 기여하는 모습

스마트한 목표 세우기

몇 년 전 국내 대기업에 스카우트되어 일하던 미국인과 알고 지낸 적이 있다. 외국인이 국내 기업의 고위 경영진으로 활동하는 일은 아주 드문 일이다. 그를 영입한 기업의 입장에서나 한국 기업의 경영 방식에 익숙지 않은 그의 입장에서나 서로 고충이 많았을 것이다. 그는 때로 내게 자신의 고충에 대해 말하곤 했다. 그 가운데 가장 기억에 남는 것이 목표 설정과 관련된 이야기였다.

그가 하루는 한국인 상사에게 물었다. "내가 어떤 목표를 가지고 어떤 성과를 내야 승진할 수 있겠습니까?" 상사의 대답은 이랬다. "한 3~4년 계시면 승진할 겁니다." 그러나 그가 듣고 싶었던 대답은 이런 것이었다. "당신이 이러이러한 목표를 세우고, 그 목표를 언제까지 달성하고, 이러이러한 성과를 내면 그때 승진할 수 있을 겁니다." 그는 상사의 대답을 듣고 당황했고, 맥이 빠졌다. 달성해야 할 구체적인 목표가 제시되지 않자 승진을 위해 열심히 일할 의욕도 사그라졌다. 그 상사는 어떤 목표를 가지고 어떤 성과를 내야 승진할 수 있겠느냐는 질문을 너무 쉽게 생각한 것이다. 낯선 기업 문화에 적응하려는 외국인 직원의 마음을 헤아렸다면 그렇게 성의 없이 대답하지는 않았을 것이다. 어쩌면 그는 주변 사람들의 에너지를 앗아가는 디에너자이저로, 자신의 목표 설정 기준조차 없었는지도 모른다.

만일 이 상사가 에너자이저였다면 어떤 도움을 주었을까? 그는 아마 진정한 성공을 위한 목표 설정 방법에 대해 조언했을 것이다. 에너자이저는 스마트(SMART)하게 목표를 설정한다.

- **Specific**(구체성): 목표를 구체적으로 세운다. '다음 분기까지 매출액을 5퍼센트 향상시킨다'는 목표가 훨씬 의욕을 불러일으킨다.

- **M**easurable(측정성): 목표는 측정할 수 있도록 설정해야 한다. '최선을 다한다'는 목표는 애매할뿐더러 측정할 수도 없다. 대신 '다음 달 고객만족도 점수를 이번 달보다 2점 높인다'는 목표는 고객만족도 조사를 통해 확인할 수 있다. 목표가 달성되었는지 달성되지 않았는지, 달성되었다면 목표보다 얼마나 더 높게 달성되었는지 등 측정 결과가 제시될 때 목표를 향해 더 매진하게 된다.

- **A**ttainable(가능성): 도전적이지만 노력하면 달성 가능한 수준의 목표를 설정한다. 도저히 해낼 수 없는 목표라면 포기할 가능성이 높다. 조금 어렵지만 노력해볼 만한 정도의 목표일 때 도전 욕구가 생긴다.

- **R**esult-oriented(결과지향성): 결과 중심의 목표를 세운다. 목표를 달성하는 과정을 정할 필요는 없다. 우리는 자율적으로 결정한 사항에 더 큰 책임감을 느끼고 의욕을 갖는다.

- **T**ime-bounded(제한성): 목표 달성의 기간을 정한다. 기간이 정해져 있어야 구체적인 계획이 나오고 집중할 수 있다. 고3 학생들도 수능 시험이 언제인지 알기 때문에 그때까지 학업에 몰두할 수 있다. 언제 끝날지 모를 수험생활이라면 누가 그 생활을 지속할 수 있겠는가?

목표를 어떻게 설정하느냐에 따라서 에너지 수준도 달라진다.[8] 얼마만큼 성과를 달성해야 한다는 목표, 즉 성과목표performance goal를 세우고 나면 우리는 무언가 가시적인 성과를 도출해야 한다는 압박감을 느끼기 시작한다. 주어진 목표를 달성해야만 자신의 가치가 높아지고, 실패했을 경우 자신의 가치도 낮아진다고 생각한다. 그러다 보니 현재의 능력으로 능숙하게 처리할 수 있는 업무만 맡으려고 한다. 따라서 성과목표를 세울 경우, 새로운 업무를 맡았을 때 흥미와 즐거움을 느끼기보다는 걱정과 두려움이 앞선다. 일하는 도중 문제에 부딪치는 것만으로도 실패했다는 느낌을 받는다.

반면에 무언가를 배우고 성장해야겠다는 학습목표learning goal를 세우면 상황은 달라진다. 도전적인 업무에 흥미를 느끼고, 새로운 경험을 즐겁게 받아들이며, 자신이 발전하고 있다는 느낌을 받는다. 오히려 잘 해낼 수 있는 일에는 흥미를 느끼지 못하고, 미지의 영역에 도전해보고 싶은 의욕이 샘솟는다.

성과목표와 학습목표는 회피목표prevention goal와 촉진목표promotion goal로 설명할 수 있다. 회피목표란 실패 등 부정적인 결과가 발생하지 않도록 하는 목표다. 반면 촉진목표는 성공 등 긍정적인 결과를 이루기 위해 노력하도록 만드는 목표다.

회피전략을 추구하는 사람들은 실패하지 않고 완수하는 것에 초점을 둔다. 따라서 책임감을 많이 느끼고 안전한 방법을 추구한다. 촉진전략을 추구하는 사람들은 자신이 이상적으로 이루고자 하는 결과에 초점을 둔다. 따라서 자신이 열망하는 목표, 자신의 성장과 발전에 관심이 많다.

일반적으로 회피전략을 사용하는 사람보다 촉진전략을 사용하는 사람들이 목표를 이루기 위해 더욱 다양하고 창의적인 방법을 쓰는 것으로 밝혀졌다. 즉, 성과목표보다는 학습목표를 설정하고, 회피전략보다는 촉진전략을 쓰는 경우 에너지 수준이 더 높다.

에너자이저는
한 가지 목표에 올인한다

—

일에 치여 사는 이유

당신은 인생의 목표를 갖고 있으며, 목표 달성을 위해 전략적으로 자원을 투입하고 있는가? 아니면 당장 처리해야 할 업무들에 둘러싸여 진정한 목표를 잊고 살아가는가?

후자의 경우라면 결단이 필요하다. 너무 많은 일을 맡다보면 별로 중요하지 않은 일들에 시간과 에너지를 쓰게 되고 정작 중요한 일은 뒤로 미루기 일쑤다. 누군가가 그럴듯한 제안을 해오면 거절하지 못하고 수락한다. 할 일이 또 한 가지 추가되는 것이다.

자신의 여건과 목표의 우선순위를 고려해 결국 도움이 되지 않는 일이라면 거절할 수 있어야 한다. 그렇게 하지 않으면 잡다한 일들에 치여 삶의 목표는 온데간데없어지고, 눈앞에 쌓인 일들을 처리하느라

온 에너지를 다 쓰게 된다. 목표의 우선순위를 명확하게 설정하고, 중요한 목표와 관련이 적거나 오히려 방해가 되는 일은 용기 있게 물리쳐야 한다. 아무리 욕심이 나는 일이라도 그렇다. 시간과 능력, 에너지 등 우리가 사용할 수 있는 자원은 한정되어 있기 때문이다.

에너자이저는 명확한 목표를 설정해놓고, 그 목표에 맞춰 한정된 시간과 에너지, 능력을 적절하게 배분하여 사용한다. 또한 에너자이저는 한두 가지 프로젝트에 집중적으로 자원을 투입한다. 작은 진전이나 작은 성공에서도 큰 기쁨을 누릴 줄 알기 때문이다. 반면 디에너자이저는 중요한 업무에 매진하기보다 코앞에 닥친 일들을 처리하는 데 급급하고, 그 와중에 꼭 하지 않아도 될 웹 서핑이나 이메일 확인 등 옆길로 새기 일쑤다. 새로운 일이나 목표를 접할 때 두려워하거나 움츠러들면서 자신의 가능성을 시험해볼 수 있는 좋은 기회를 놓친다.

나는 어떤 유형으로 일하는 사람일까

브루흐Bruch와 고샬Ghosal의 연구에 의하면, 에너지 레벨과 집중 정도에 따라 사람들은 다음의 네 유형으로 분류된다.[9]

● **일을 미루는 유형**Procrastinators

업무에 집중할 수 있으나 에너지 수준이 낮다. 누적된 피로 때문일 수도 있고, 의미를 찾아내지 못한 때문일 수도 있다. 에너지 레벨이 낮기 때문에 피상적으로 업무를 처리하고, 그러다보니 실수를 저지르거나 제때 일을 처리하지 못해 곤란한 일을 자주 겪는다. 자신에게 주어진 일을 자주 미룬다.

● **일에 몰입하지 않는 유형**Disengaged

에너지 수준, 업무 집중도 모두 낮다. 회의에 참석하고 전화를 거는 등 일상적인 업무는 감당하지만, 일을 주도적으로 진행하거나 목표를 초과 달성하거나 전략적 관점에서 업무에 접근하는 모습은 찾아보기 힘들다. 집중적으로 처리하는 업무도 별로 없고 에너지 레벨도 낮기 때문에 좋은 기회가 있어도 머뭇거리다가 시기를 놓치고 만다. '해볼 수 있었는데 어쩌다 보니 기회를 놓쳤다'고 말하는 모습을 자주 볼 수 있다. 목표를 정하고 일의 우선순위를 두어 능동적으로 업무에 임하는 노력이 필요한 유형이다.

● **산만한 유형**Distracted

에너지 레벨은 높지만 업무에 집중하지 못하고 이것저것 손을 댄다. 끊임없이 무언가를 바쁘게 하는데, 깊이 생각하고 결정한 전략에 따라 움직이기보다는 닥치는 대로 업무를 처리한다. 새로운 일을 맡았을 때 전략을 세우지 않고 행동부터 하다보니 중대한 실수를 저지르곤 한다. 눈앞에 보이는 대로 업무를 처리하면서 너무 많은 일에 발을 담그기도 한다. 때문에 약속을 이행하지 못하고 중도에서 포기하거나, 다른 사람에게 일을 전가하거나, 업무를 대강 처리하는 등의 문제가 발생한다.

- **목표가 있는 유형**Purposeful

에너지 수준도 높고 중요한 업무 몇 가지에 집중하는, 에너자이저의 전형이다. 이런 유형은 중요도에 따라 업무의 우선순위를 정하고, 성공적으로 완수하겠다는 의지가 강하다. 이들 에너자이저는 제한된 시간, 능력, 에너지를 어떻게 배분할지 현명한 의사결정을 내린다. 이들은 업무에만 집중하는 시간을 따로 마련해놓고, 그 동안에는 전화도 받지 않고 이메일도 확인하지 않는다. 물론 방문객을 맞거나 미팅에 참석하지도 않는다.

가장 중요하고 어려운 일을 먼저

당신은 어떤가? 중요한 목표를 위해 자원을 효과적으로 투입하고 있는가? 자신을 성장, 발전시켜 '나'라는 존재의 가치를 높이기 위해 노력을 게을리 하지 않는가?

설Sull과 호울더Houlder는 이를 알아볼 수 있는 도구를 만들었다.[10] 한 번만 분석하고 끝낼 것이 아니라, 중요한 목표가 바뀌거나 투입하고 있는 자원이 변동될 때마다 업데이트를 하면 좋다.

다음의 작성 예를 살펴보자.

나는 목표 달성을 위해 자원을 효과적으로 투입하고 있는가

인생의 중요한 목표	금전적 투자	시간 투자	에너지 투자
자녀를 건강하고 균형 잡힌 아이들로 키우는 것	35퍼센트: 생활비	15시간: 집안 일, 아이들 뒤치다꺼리 등 일상적인 일	−/+
가족과 화목한 시간 보내기	8퍼센트: 교육비	5시간: 아이들과 실랑이하는 시간	−
	12퍼센트: 잡비	5시간: 가족과 함께 보내는 의미 있는 시간, 아이들 숙제 봐주기	+
흥미롭고 유용한 일을 하기 인정받기	연구, 강의, 논문	60시간	+
노후 준비 실직에 대비하는 것	33퍼센트: 저축 등	30분: 투자 방법에 대해 고민하기	−/+
에너지 충전 활동 독서, 집필, 운동, 친구 만나기 등	2퍼센트: 헬스장 이용료, 참고 도서 구입비, 외식비 등	5시간: 운동 5시간: 독서	+
부모, 형제, 친구와 가깝게 지내기	2퍼센트: 선물하기	4시간	−/+
교회 기여 봉사활동 및 헌금	2퍼센트	1시간: 교회 봉사활동	
나머지	6퍼센트	5~10시간: TV 시청, 웹 서핑 등	+

1단계: 자신에게 중요한 목표들을 적는다.

'돈'이나 '가족'처럼 단순한 표현 대신 '가족이 안정된 생활을 할 수 있는 정도의 수입 만들기', '일찍 은퇴할 수 있을 만큼의 노후 자금 마련하기', '나의 능력에 부합하는 연봉 받기'처럼 구체적인 표현이 좋다. 마찬가지로 '아이들'보다는 '양질의 교육을 제공하고 도덕적이며 책임의식 있는 아이들로 키우기', '아이들과 함께 하는 시간 즐기기'

등이 좋다.

2단계: 각각의 목표에 투입하는 자원을 적는다.

1단계에서 나열한 목표들을 하나하나 자세히 생각해보고, 각각의 목표에 금전적·시간적 자원과 에너지를 얼마나 투자하고 있는지 적어본다. 시간을 넓게 잡으면 작성하는 데 부담이 크므로, 하루하루 얼마만큼의 투자를 하고 있는지를 계산해본다.

위의 표에서 금전적 투자에 적힌 숫자는 가계 수입에서의 비중을 의미한다. 목표의 중요도에 따라 금전적인 투자가 적절하게 배분되고 있는지 체크해야 한다. 시간 투자는 1주일 동안 깨어 있는 시간 중에 각각의 목표에 투입되는 시간이다. 목표의 중요도에 맞는 양의 시간을 투자하고 있는지, 중요도가 떨어지는 일에 시간을 허비하고 있지는 않은지 고민해봐야 한다.

에너지 투자에서 '+'는 에너지 수준이 높을 때 에너지를 투입하는 경우고, '-'는 에너지 레벨이 낮을 때 에너지를 투입하는 경우다. 에너지 레벨이 높을 때는 같은 시간을 투자하더라도 더 큰 효과를 거둘 수 있다. 반면 피곤하고 지친 상태에서 투입하는 에너지는 시간 대비 효과가 적다. 따라서 중요한 목표는 에너지 레벨이 높은 시점에 중점적으로 시간을 투자하고, 중요도가 떨어지는 목표는 에너지 레벨이 높지 않은 상태에서 시간 투자를 하는 것이 효율적이다.

에너자이저는 대개 가장 중요한 일을 아침에 먼저 처리한다. 이때 자신의 에너지 수준이 가장 높다는 사실을 파악하고 있기 때문이다.

사람들은 대부분 출근하자마자 이메일부터 확인한다. 이메일을 확인하고 답하는 일이 다른 일보다 더 쉽고, 짧은 시간 안에 많은 일을 효율적으로 처리했다는 성취감을 맛볼 수 있기 때문이다. 하지만 에너지 수준이 가장 높을 때 쉬운 일을 우선 처리한다면 에너지를 효과적으로 활용하고 있다고 보기 어렵다. 쉬운 일에 가장 빨리 손이 가는 본능을 통제하고, 좀 더 어렵고 중요한 일을 의도적으로 먼저 처리하는 것이 결국엔 효과 있게 에너지를 투입하는 것이다.

잠들기 전에 다음 날 처리해야 할 가장 중요한 일 한 가지를 머릿속에 떠올리고, 다음 날 아침 출근하자마자 그 일을 처리하는 습관을 들여본다. 오전 10시쯤이면 이미 아주 생산적인 하루를 보낸 것 같은 뿌듯한 느낌이 들고, 기분 좋게 다른 업무에도 착수할 수 있을 것이다.

목표를 위한 시간 관리

더튼 교수는 연구 시간을 따로 정해놓고 매일 그 시간을 지키는 것으로 유명했다. 워낙 저명한 학자여서 오전 9시부터 오후 6시까지 끊임없는 전화와 방문, 미팅으로 연구에 몰입하기가 불가능했기 때문이다. 그래서 매일 새벽 5시부터 오전 8시 30분까지는 일체 다른 일을 하지 않고 연구에만 몰두했다.

더튼 교수의 집을 처음 방문한 날이 기억난다. 커다란 마구간을 개조한 집이었는데, 2층까지 한쪽 벽면이 통유리로 되어 있는 것이 무척 인상적이었다. 그는 매일 새벽 유리창 너머로 떠오르는 해를 맞이하는 것이 큰 기쁨이라고 말했다. 어둠을 밝히며 떠오르는 해로부터 하루의 에너지를 얻는 그의 모습이 그려졌다. 상상만 해도 멋진 광경이었다. 나도 그런 곳에서 연구하면 더튼 교수처럼 훌륭한 업적을 쌓을 수 있을 것만 같았다.

업무뿐만 아니라 하루 일과 중에 '생각하는 시간'을 따로 떼어두는 경우도 있다. 정신없이 일이 많을 때는 한 박자 쉬면서 생각할 수 있는 시간을 내는 것도 좋은 방법이다. 바쁜 일상 속에서 내가 진정으로 달성하고자 하는 목표가 무엇인지 상기하고, 그 목표와 무관한 것들을 정리하는 것이다. 그렇게 정리를 하고 나면 가장 중요한 목표를 향해 매진할 에너지를 다시 얻을 수 있다.

ENERGIZER

에너자이저의
목표 실행법

—

큰 성공을 위한 작은 성공들

목표가 너무 크고 무겁게 느껴질 때가 있다. 거대한 목표 앞에서 우리는 지레 겁을 먹고 의욕을 상실하기 일쑤다. 실은 잘할 수 있는 일이지만 지금까지 해본 적이 없기 때문에 두려울 수도 있다. 목표 앞에서 주눅이 들 때 우리는 어떻게 해야 할까? 시도조차 해보지 않고 포기할 것인가, 아니면 엄청난 부담감을 안고 일단 해볼 것인가. 시작은 했지만 과연 끝까지 갈 수 있을까? 중간에 지쳐 쓰러지지는 않을까?

거대해 보이는 목표를 이루기로 작정했다면, 우선 목표를 여러 단계로 나누어보라. 최종 목표를 달성하기 위한 중간 목표들을 몇 가지 세우는 것이다. 경영학에서는 이를 '작은 성공small wins'이라고 부른다. 조금만 노력하면 달성할 수 있는 작은 목표들을 세우고 하나하나 이

뤄나가다 보면, 성취감과 함께 자신감이 붙고 다음 단계의 작은 목표를 이룰 수 있는 에너지가 생긴다. 그리고 어느새 그토록 힘들어 보이던 최종 목표를 달성한 스스로를 발견하게 된다.

내게도 이 책의 집필은 어마어마하게 큰 목표로 느껴졌다. 좀처럼 오지 않을 기회라 붙잡고 싶었지만, '과연 내가 책 한 권을 성공적으로 써서 마무리 지을 수 있을까?' 하는 두려움이 발목을 붙잡았다. 시간을 내기도 힘들 것 같았다. 무엇보다 자신이 없었다.

그러나 내게 온 기회를 잡아보겠다는 의욕이 두려움보다 더 컸는지, 책을 집필하기로 덜컥 결정을 했다. 일단 그렇게 해놓고 보니 막막하기만 했다. 이제 어떻게 해야 하는 거지? 그런데 출판사의 담당 팀과 논의해서 큰 목차를 정하고 하위 목차를 잡아나가면서 목차별로 구체적인 목표가 생기는 것이었다. '이 부분에는 이러한 것을 주 내용으로 하여 이렇게 쓰면 되겠구나.' 생각이 정리되고 하위 목표를 하나둘 완수해가면서 할 수 있다는 자신감과 추진력을 얻었다. 신기하게도 그렇게 몇 달 동안 하위 목표를 채워나가는 데 집중하다 보니, 어느새 책 한 권 분량이 다 채워져 있었다. '작은 성공'의 파워를 체감하는 순간이었다.

규모가 크거나 장기적인 프로젝트를 수행할 때도 '작은 성공'의 힘을 빌리면 큰 도움이 된다. 장기적인 프로젝트를 수행할 때는 어느 순간 지치기 마련이다. 열심히 일하기는 하는데 결과물이 곧바로 나오지 않으니 처음의 에너지 수준을 유지하기가 쉽지 않다. 이때 정기적으로(6개월 내지 1년 간격으로) 어떤 목표를 달성했다는 성취감을 느낄 수 있다면 다시 에너지를 얻어 의욕적으로 일할 수 있다.

규모가 큰 장기 프로젝트일수록 최종 결과물은 거대해 보이고, 언제 다 할 수 있을지 막막하게 느껴진다. 그런데 중간 목표들은 최종 목표보다는 덜 부담스럽게 느껴져서, 훨씬 편안한 마음으로 일할 수 있다. 엄두가 안 나는 일이라도 하위 업무로 잘게 쪼개다보면 해볼 만하다는 자신감이 생긴다.

'작은 성공'을 위한 일기 쓰기

'작은 성공'의 방법은 개인의 일상에서도 응용할 수 있다. 이를테면 잠들기 전에 그 날 하루를 돌아보는 것이다. 아마빌레Amabile와 크레이머Kramer는 하루를 되돌아보고 다음 날의 에너지를 얻을 수 있는 방법으로 일기 쓰기를 추천한다.[11] 하루에 1~2분 정도를 투자해 그 날 이룬 자그마한 성과에 대해 쓰는 것이다. 아무리 엉망진창인 날이라도 무언가 손톱만큼은 해낸 일이 하나라도 꼭 있다. 그 작은 한 가지 성공을 다음 날의 에너지원으로 삼는 것이다.

만일 아무리 생각해도 하나도 이룬 것이 없고 완전히 망쳐버린 날이라면, 무엇 때문에 그런 문제가 생겼는지 곰곰이 생각해본다. 문제의 원인이 기술적인 것이라면 다음 날 그 문제를 어떻게 해결할지 계획을 세움으로써 하루 종일 느꼈던 좌절감을 떨쳐버릴 수 있다. 지루하고 따분하게 그저 그런 일을 하고 있다면 좀 더 도전적이고 힘든 일을 맡는 게 낫다는 긍정적인 생각을 할 수도 있다.

아마빌레와 크레이머는 매일 하루를 마무리하면서 스스로 다음과 같은 질문을 던져보라고 권한다.

- 하루 동안 일어났던 일들 가운데 어떤 일이 가장 선명하게 떠오르는가?
- 하루 동안 이루어낸 성과나 진척시킨 일은 무엇인가?
- 일을 더 진척시키기 위해서 내일 할 수 있는 일은 무엇인가?
- 오늘 일이 잘 진척되지 않았거나 퇴보한 일이 있다면 무엇인가? 무엇이 문제였고 이를 통해 나는 어떤 점을 배웠는가?
- 하루 동안 직장 동료들이나 상사에게 어떤 긍정적인 영향을 미쳤는가?

질문에 대한 답을 매일 밤 일기로 작성하고, 매달 마지막 날에는 한 달치 일기를 다시 훑어본다. 지난 일기를 보면 한 달 동안 일하면서 자신이 어떤 느낌과 생각을 가졌는지 그 경향성이 보인다. 만일 좋았던 날보다 나빴던 날이 많다면 근본적인 이유에 대해 고민해봐야 한다. 직장 동료들이나 상사에게서 조언을 구할 수도 있고, 업무에 임하는 태도나 동료들을 대하는 방식을 변화시킬 수도 있다. 무엇보다 이 일기는 긍정적으로 쓸 필요가 있다. 하루를 정리하면서 그 날 이룬 작은 성과를 떠올리며 에너지를 얻는 것이 주된 목적이기 때문이다.

3장

에너자이저의 특징2
_긍정의 생명력

**에너자이저는
생명력을 경험한다**

ENERGIZER

의기소침해지는 가장 큰 이유 중 하나는 자신이 이룬 것, 자신이
창조한 것이 사람들에게 별다른 도움이 되지 않는다고 느끼기 때문이다.
늘 기분 좋은 인생을 살아가기 위한 요령은 타인을 돕거나
누군가의 힘이 되어주는 것이다. 그것으로 존재의 의미를 실감하고,
순수한 기쁨을 누리게 된다. _프리드리히 니체

생명력, 에너자이저의
필수 요건

—

생명력은 살아 있다는 느낌과 생기를 의미한다. 생명력을 느낀다는 것은 목표를 향해 역동적으로 나아가고 있다는 것이며, 그 과정에서 배우며 성장한다는 느낌을 경험하는 것이다.

경영학자인 스프라이처spreitzer와 연구자들이 직장인들을 대상으로 인터뷰한 내용을 보면, 생명력이 어떤 것인지를 파악하는 데 도움이 된다.[1]

"내가 느끼는 생명력이란 제자리에 머물러 있지 않고 앞으로 나아가는 느낌입니다. 반드시 승진을 의미하지는 않지만, 어쨌든 나의 생각이 발전하고 내가 하고 있는 일들이 진전되고 있다는 느낌입니다."

(사회복지사의 인터뷰)

"내게 있어 생명력은 나의 가치를 존중받는 느낌이고, 내가 하고 있는 일을 가치 있게 평가받는 느낌입니다. 무엇인가를 창조해내고 생산하는 느낌과도 관련이 있습니다. 내 앞에 닥치는 도전들을 받아들이고, 하루하루 성장하고 발전하며 내 앞에 더 많은 기회가 펼쳐지는 것을 의미합니다."

(대규모 비영리 조직의 중간관리자의 인터뷰)

끊임없이 새로운 것을 배우며 성장해간다는 느낌은 우리에게 매우 중요하다. 사람에게는 기본적으로 자신의 잠재력을 실현하고자 하는 욕구가 있기 때문이다. 무언가를 배우면서 자신의 잠재력을 깨닫고 놀란 경험이 있을 것이다. 우리는 자신의 잠재력과 가능성을 발견할 때, 인생과 커리어가 어떤 방향으로 성장해갈지 희망과 기대를 갖게 되고 에너지를 얻는다.

스프라이처와 포라스Porath가 1,200명이 넘는 미국 직장인(화이트칼라와 블루칼라를 모두 포함한)을 대상으로 설문조사와 인터뷰를 실시했는데, 그 결과가 흥미롭다.[2] 부하직원들이 리더를 평가한 결과, 활력만 넘치는 리더보다 활력 있고 동시에 끊임없이 무언가를 배우는 리더가 더 효과적인 리더십을 발휘하는 것으로 나타났다. 더 나아가 활력과 학습을 동시에 추구하는 리더는 활력만을 추구하는 리더보다 신체적으로도 더 건강했다. 꾸준히 새로운 것을 배우고 부단히 자신의 성장을 위해 노력하는 일이야말로 에너자이저의 필수 요건이라고 할 수 있다.

생명력은 건강과 직결되어 있다. 생명력을 경험하는 사람은 긴장감이나 불안감, 우울 등의 부정적인 감정을 덜 느끼고 결국 정서적, 정신적으로 건강할 가능성이 높다. 무엇인가를 끊임없이 배우는 과정에서 자신이 성장해간다는 느낌을 경험하는 것은 신체적 건강에도 도움이 된다. 실제로 새로운 것을 배울 기회가 거의 없는 직종에 종사하는 근로자일수록 심장병으로 입원할 확률이 높아진다는 연구 결과도 있다.[3]

생명력을 경험할 때 최고의 성과peak performance를 도출할 가능성이 높아진다. 최고의 성과는 '업무에서 지속적으로 탁월한 성과를 도출하고, 동시에 하루하루 발전적인 성과를 도모하는 것'을 의미한다.[4] 탁월함, 지속성, 그리고 계속적인 발전 및 향상, 이 세 가지가 최고의 성과를 창조하는 특징이라고 할 수 있다.

에너자이저는 성장을 위해 도전한다

에너자이저는 현재에 만족하고 안주하지 않으며, 자신의 강점을 개발할 뿐만 아니라 새로운 가능성에 도전한다. 사실 내 경우는 잘하는 것이 있으면 그 수준에 만족하고 머무르려는 경향이 있다. 그런 나와 달리, 자신의 분야에서 최고 전문가로 인정받는 사람이면서 동시에 끊임없이 새로운 영역에 도전하는 에너자이저 한 명을 소개하고자 한다. 그는 기업 인수 · 합병 및 금융법 분야에서 인정받는 전문가로 최고의 자리에 오르기까지 쉬지 않고 달려왔다. 나는 최고 수준에 다다른 그를 보며 이제는 그쯤에서 머물러 좀 쉬어갈 것으로 생각했다. 그런데 나의 예상은 완전히 빗나갔다.

자신의 전문 영역에서 최정상의 자리에 오른 그는 이제 자신의 일이 그다지 재미가 없다고 한다. 그 동안 쉬지 않고 달려오면서 자신의 영역에서 해볼 수 있는 일은 거의 다 해봤기 때문에, 더 이상 업무가 도전적이지 않고 흥미가 생기지 않는다는 것이다. 그는 지금까지 몸 담아온 곳으로부터 눈을 떼고 전혀 새로운 영역으로 눈을 돌리고 있는 중이다. 결코 적지 않은 나이임에도 새로운 영역에서 활동하는 데 필요한 외국어를 열심히 배우고 있다. 또한 여러 정부 기관에서 발행하는 통계 및 정책 자료들을 열심히 모아 탐독한다. 그를 볼 때마다 나는 늘 반성하게 된다. 그는 언제나 자신의 가능성과 잠재력에 관심을 기울이고, 이를 개발하고 최대한 활용하는 데 놀라운 집중력을 보인다. 그래서인지 그에게서는 항상 에너지가 넘친다.

만약 지금 하는 일에서 배우는 것도 없고 발전 가능성도 희박하다고 느낀다면 다른 부서나 다른 직장으로 옮겨 일해보는 것도 좋은 방법이다. 제너럴 모터스GM에 근무하는 제프 킴팬Jeff Kimpan이 그 경우다.5 멕시코가 급성장하던 1980년대 중반, 멕시코 지사의 인사부서에서 근무하던 그는 승진을 거듭해 전 세계 지사의 인사업무를 총괄하는 이사직을 맡았다. 본사에서 일하던 중 그는 중국 법인의 인사담당 자리가 비었다는 소식을 듣고 그 자리에 지원했다. 더 낮은 직급으로 이동하는 일이기에 놀란 주변 동료들이 말렸다. 하지만 그는 변화와 성장을 원했다. 중국 법인에서의 일은 쉽지 않았다. 2년 내에 매출액을 두 배로 키워야 하고, 4년 내에는 여덟 배로 성장시켜야 한다는 목표가 설정되어 있었다. 시작하는 단계라 전문 인력도 부족한 실정이었다. 하지만 킴팬은 말한다.

"매일 출근 시간이 기다려집니다. 디트로이트에서 일할 때만큼 피곤하지만, 좀 다른 종류의, 더 나은 종류의 피곤인 것 같습니다."

다른 직장이나 부서로의 이동이 여의치 않을 경우, 업무 외에 무언가를 새로 배우는 것도 생명력을 경험하는 데 도움이 된다. 무언가를 배우고 싶어도 시간이 없어 못 한다는 사람이 대부분이다. 내게는 운동이 그랬다. 직장과 가정에 산적한 일을 생각하면 나를 위한 운동에 시간을 쓴다는 게 사치스럽게만 느껴지고 도무지 엄두가 나지 않았다. 그러던 어느 날 무작정 동네 헬스장을 찾아갔다. 처음에는 분위기만 파악하고 나올 셈이었는데, 막상 발을 들여놓으니 내친김에 등록을 하자는 생각이 들었다. 그렇게 운동을 시작한 지 1년이 넘었다.

처음에는 30분씩 1주일에 두 번도 시간을 못 내 자주 빠졌지만, 어느 순간부터는 운동을 안 하면 몸이 나른해지기 시작했다. 운동이 습관으로 자리를 잡은 것이다. 더 신기한 것은 규칙적으로 운동을 하면서부터 피로도 덜 느끼고 감기도 덜 걸린다는 사실이었다. 내 몸에 자신감도 생겼다. 예전에는 거울을 보면 기운이 빠졌는데 이제는 거울을 보면 기분이 좋아진다. 스키니 진을 입어보고 싶다는 생각이 들 정도다. 하고 싶은 일도 많아졌다. 꽃다발 만드는 기술을 배워보고 싶고, 현악기도 한 가지 다뤄보고 싶다. 아직은 둘 다 엄두를 못 내고 있지만, 운동을 시작할 때 그랬던 것처럼 이 두 가지도 어느 날 문득 시작하게 될지 모르겠다.

에너지는 긍정적인 선순환을 불러일으킨다는 점에서 그 의미가 크다. 새로운 목표에 의욕적으로 도전하고 목표 달성을 위해 최선의 노력을 경주하는 과정에서 느끼는 에너지. 이 긍정 에너지야말로 목표 달성을 현실적으로 가능하게 해주는 원동력이다. 또한 목표를 성공적으로 달성했을 때 느끼는 성취감과 자신감은 긍정 에너지를 더욱 북돋아준다. 이 긍정 에너지는 또 다른 도전을 향해 첫 발을 내딛는 힘과 용기를 불어넣어 줄 것이다.

'웃으면 복이 온다'는 말의
과학적 진실
—

긍정은 생각의 폭을 넓힌다

에너지를 느낄 때, 우리는 즐겁고 유쾌한 기분을 함께 느낀다. 에너지는 유쾌함, 흥미, 기쁨과 같은 긍정적인 감정을 경험할 때 생성된다. 에너지가 생기면 긍정적인 감정을 느끼는 상태에서 한 단계 더 나아가 무언가를 하고자 하는 의욕이 생기고 정신적·신체적으로 더욱 역동성을 발휘하게 된다. 이처럼 긍정적인 감정은 에너지를 경험하기 위한 기본적인 요건이다. 사람들이 이 같은 감정을 느낄 때 나타나는 효과로는 크게 확장 효과와 확충 효과가 있다.

즐겁고 유쾌한 기분은 우리 앞에 있는 그 어떤 일도 즐길 수 있도록 해준다. 마치 일요일 아침 길고 편안한 잠을 자고 일어난 아이가 온 집 안을 뛰어다니며 재미있게 놀 거리를 찾아다니는 것과 같다. 즐겁게 놀 때는 정해진 규칙에만 따르기보다는 상상력을 동원해서 새로운 방식으로 놀게 된다.

아이들이 노는 모습을 보면 종종 신기할 때가 있다. 하루는 우리 집세 아이들이 피아노 의자를 방어선으로 양쪽에 인형들을 줄 세워놓고, 건너편으로 인형을 날려 상대편 인형을 맞추는 놀이를 하는 걸 보았다. 아이들이 어찌나 신나게 노는지, 구경하는 나까지 흥미진진해 덩달아 소리를 지르고 웃음을 터뜨렸다. 아이들은 더 재미있게 놀 수 있는 아이디어를 계속해서 만들어냈다. 그런 즐거움을 함께 경험하면서 나 역시 일요일을 좀 더 유쾌하게 보내고 싶다는 긍정적인 에너지가 샘솟았다.

흥미도 긍정적인 감정의 하나로, 에너지를 불러일으키는 효과가 있다. 사람들은 처음 보는 것이나 예전과 달라진 변화 혹은 가능성 있어 보이는 목표를 발견했을 때 흥미를 느낀다. 흥미를 느끼면 새로운 영역을 탐색해보고자 하는 의욕을 갖게 되는데, 이는 자연스럽게 에너지를 촉발한다. 이처럼 기쁨이나 즐거움, 흥미 등의 긍정적인 감정과 기분은 어린아이들의 놀이에서 볼 수 있는 새롭고 창의적인 아이디어와 관련이 있고, 또한 새로운 분야를 탐험해보고자 하는 호기심과도 관련이 있다. 긍정적인 감정이 사고와 인지의 폭을 넓히는 것이다. 심리학자들은 이를 긍정적인 정서의 확장 효과broadening effect라고 한다.[6]

엘리베이터와 낙타는 자동차다?

즐겁고 유쾌하며 열정적인 감정 상태에 있는 사람은 생각과 인지의 폭이 확장된다. 이런 사람은 서로 무관해 보이는 두 개념을 새롭게 연결 짓기도 하고 기존의 개념이나 사물을 새로운 관점에서 해석하고 다른 시각으로 관찰하기도 한다.

주어진 낱말들을 차량과 차량이 아닌 것으로 분류하라는 과제가 주어졌을 때, 별다른 감정을 느끼지 않는 사람은 엘리베이터와 낙타를 차량이 아닌 것으로 분류하는 전형적인 방식으로 응답했다. 반면 즐거운 감정을 느끼는 사람들은 엘리베이터와 낙타를 차량으로 분류하는 모습을 보였다. 엘리베이터와 낙타의 개념을 확장해 차량이라는 카테고리에 포함시키는 창의적인 생각을 한 것이다.[7]

몇 년 전, 즐겁고 유쾌한 감정을 공유했을 때 팀의 창의성이 어떻게 달라지는지를 연구한 적이 있었다.[8] 팀원들이 수행해야 할 과제는 다음과 같았다. '어느 날 우주탐사대가 달에 불시착했다. 달 표면에서 모선까지 320킬로미터를 이동하기 위해 우주탐사대는 열 가지 물건을 사용할 수 있다. 밧줄, 낙하산, 난로, 총, 산소통, 구명보트, 나침반, 신호탄, FM 수신기, 구급상자를 이용해 모선까지 가는 방법을 제시하라.'

이 연구 과정에서 즐겁고 기분 좋은 감정을 공유했던 팀은 그렇지 않은 팀에 비해 재미있고 창의적인 아이디어들을 더 많이 제시했다. 예를 들면 이런 아이디어가 있었다. 다 함께 구명보트에 탄 다음 서로의 몸을 밧줄로 묶어 낙오자가 없도록 하고 총을 발사한다. 달은 중력이 지구의 6분의 1밖에 안 되므로 총은 반대 방향으로 발사된다. 이 힘을 이용해 구명보트를 이동시키는 것이다. 달은 자기장이 없기 때문에 방향을 알기 위한 목적으로는 나침반을 사용할 수 없다. 따라서 나침반을 깨뜨려 유리 파편을 가위 용도로 사용하거나 나침반 바늘을 바느질 용으로 사용할 수 있다. 정말 재미있지 않은가?

이처럼 즐겁고 유쾌한 감정을 느낄 경우 사람들의 사고의 폭이 넓어져 새롭고 창의적인 아이디어를 많이 생각해낸다. 또한 정신적·신체적 움직임이 더 활발해지며 호기심이 발동하여 새로운 영역을 탐험하고자 하는 열망이 강해진다. 정신적·신체적 긍정 에너지를 불러일으키는 것이다.

긍정적인 감정의 경험이 반복되면

기쁨과 즐거움, 유쾌함 등 긍정적인 감정의 경험을 통해 사람들의 사고 폭을 넓히는 확장 효과뿐만 아니라, 장기적인 효과까지도 기대할 수 있다. 즉, 긍정적인 감정을 반복해서 경험하고 그것이 오래 지속되면 장기간 활용할 수 있는 자원long-term resources을 구축하게 된다.[9] 장기간 활용 가능한 자원으로는 크게 세 가지를 들 수 있다. 신체적 자원, 지적 자원, 사회적 자원이다.

첫째, 긍정적인 감정은 신체 활동을 역동적으로 만든다. 같은 일을 할 때도 유쾌함을 느끼는 사람은 몸짓을 더 크게 하고 더 활발하게 움직인다. 이 상태가 장기간 반복되면 신진대사가 원활해지고 근력이 발달하며 면역력이 강화된다. 체력도 강해지는 것이다.

둘째, 긍정적인 감정은 지적 능력을 발달시킨다. 엄마와의 안정된 애착 관계로 행복을 느끼는 아이들은 새로운 영역을 탐구하기를 두려워하지 않는다. 이 과정이 반복되면서 아이는 끈기가 길러지고 더 유연하게 상황에 대처하게 되며, 문제해결력이나 공간지각력 등 지적 능력이 급격히 발달한다. 성인들도 마찬가지다. 한 실험에 의하면 사탕을 받아 기분이 좋아진 사람이 사탕을 받지 않은 사람보다 복잡한 협상 과제를 더 잘 이해했다. 즉, 지적 능력이 더 높게 나타났고, 협상 결과도 더 성공적이었다.

셋째, 긍정적인 감정은 사회적 자원을 선사한다. 즐거움을 나누고 함께 웃는 사람들은 관계가 돈독해지고 끈끈해진다. 이렇게 형성된 인간관계는 서로 신뢰할 수 있는 중요한 자원이 된다. 또한 긍정적인 감정을 자주 경험하는 사람들은 남을 도와주는 데 더 적극적이다. 도움을 받은 사람은 감사의 마음을 표현하게 되고, 이러한 상호작용을 통해 두 사람은 기분 좋고 따뜻한 감정을 공유한다. 이렇듯 따뜻한 유대관계 속에서 우리는 심리적 안정을 느끼고 만족감을 얻는다.

즐겁고 유쾌하며 활기찬 열정을 느끼고 표현하는 사람은 신체적으로도 활발하고 역동적이다. 문제해결력 등 지적 능력이 높아서, 주변 사람들과 돈독한 관계를 형성하고 발전시킨다. 이러한 특징이 오랫동안 지속되고 반복되면 신체적 건강과 지적 능력의 발달을 기대할 수 있다. 또 끈끈한 유대관계 속에서 심리적인 안정과 만족감을 찾을 수 있다. 기쁘고 유쾌한, 열정적인 감정은 일상에서 에너지를 불러일으킨다. 에너지를 경험하고 열정을 표현하는 일이 지속적으로 반복되었을 때 기대할 수 있는 효과는 생각보다 큰 것이다.

긍정적인 감정은 의도적으로 습관화할 필요가 있다. 긍정적인 감정이 습관화되면 성향 자체가 긍정적으로 변하기 때문이다. 이러한 성향을 가진 사람들은 두렵거나 화가 나고 불안한 상황에 맞닥뜨렸을 때 부정적인 감정에서 빠른 속도로 벗어난다. 부정적인 사건과 그에 얽힌 감정은 더 자세하고 오래 기억되는 속성이 있다. 따라서 부정적인 감정에서 빨리 벗어나는 것은 에너지 보존 차원에서 매우 중요한 일이다.

긍정적인 정서를 위한
세 가지 렌즈

—

에너지 수준을 높이려면 긍정적인 감정을 유지해야 한다. 이는 의식적으로 노력해야 하는 일이다. '나쁜 것은 좋은 것보다 강하다Bad is stronger than good'라는 말이 있듯이, 부정적인 감정은 긍정적인 감정보다 더 큰 영향을 미치기 때문이다.[10]

쉘던Sheldon 교수와 동료들은 하루 전날 일어났던 좋은 일이나 나쁜 일이 다음 날의 기분에 어떤 영향을 미치는지를 연구했다.[11] 연구 결과에 따르면 전날 일어난 좋은 일은 다음 날의 기분에 별다른 영향을 미치지 못한 반면, 전날 일어난 기분 나쁜 일은 다음 날의 기분에 부정적인 영향을 미치는 것으로 나타났다. 핀케나우어Finkenauer와 리메Rimé의 연구를 살펴봐도, 사람들은 긍정적인 사건과 부정적인 사건을 1대 4의 비율로 기억한다.[12] 부정적인 사건이 긍정적인 사건보다 기억 속에 더욱 선명하게 남는 것이다.

부정적인 일은 훨씬 더 강렬하게 기억될 뿐만 아니라 더 깊이 생각하게 만든다. 아벨Abele의 연구에 따르면, 사람들은 부정적인 일이 왜 일어났고 어떤 의미를 지니는지를 생각하는 데 많은 시간을 보낸다. 특히 예상하지 못했던 일일 경우 더 오랫동안 생각한다.[13] 내 경험에 비추어봐도 그렇다. 한 학기 동안 진행한 강의에 대해 학생들이 평가한 결과를 받아볼 때, 긍정적인 평가는 좋은 기분으로 재빠르게 읽는다. 반면 부정적인 평가를 읽을 때는 천천히 집중하여 읽어본다. 한 문장 한 문장 꼼꼼히 읽으면서, 왜 이런 평가가 나왔을지 원인을 분석하고 다음 학기에는 어떻게 이 문제를 개선해야 할지 고민도 하게 된다.

우리는 비판이나 부정적인 코멘트, 갈등과 같은 부정적인 측면에 훨씬 더 집중하는 경향이 있다. 학창 시절에 친구에게서 들은 비수 같은 말 한 마디가 다른 친구의 열 마디 칭찬보다 더 뚜렷하게 뇌리에 남지 않던가? 부정적인 말이나 사건, 그로 인한 불쾌한 감정은 쉽게 잊혀지지 않고 자꾸 떠올라 일을 방해하고 능률을 떨어뜨린다. 결국 부정적인 사고는 부정적인 결과를 불러온다.

세 가지 렌즈

다른 사람과 갈등이 발생했거나 좋지 않은 일이 일어났을 때, 우리는 자신을 피해자의 입장에 놓고 생각하는 경향이 있다. 그러나 이는 부정적인 사고로, 에너지를 앗아갈 뿐이다. 슈월츠Schwartz와 맥카시

McCarthy는 피해자 관점에서 세상을 바라보는 대신, 같은 일이라도 다르게 바라볼 수 있는 세 가지 관점을 제시한다.[14]

- **반대로 바라보는 렌즈**

  어떤 일이 발생했을 때, 나의 관점에서만 바라보는 것이 아니라 상대방의 입장에서도 바라본다. "이 상황에 대해 상대방은 어떻게 얘기할까? 상대방의 이야기에도 일리가 있지 않을까?"

- **장기적으로 바라보는 렌즈**

  "이 상황에 대해 나는 6개월 후에 어떻게 이야기하고 있을까?" 지금은 심각해 보이는 문제일지 몰라도 6개월 후에는 별것 아닌 일일 수 있다.

- **폭넓게 바라보는 렌즈**

  "이 상황을 통해 내가 배울 점은 무엇일까?" 배울 점이 있고 성장할 수 있는 점이 있다면, 아무리 부정적인 상황도 긍정적으로 볼 수 있다.

에너자이저들은 희망적이고 낙관적인 관점으로 현실을 재조명한다. 실망하고 좌절하고 분노하는 데 인생을 낭비하는 대신, 희망을 갖고 용기를 내고 성장의 계기를 찾아내 다시 앞으로 나아갈 에너지를 얻는다. 에너자이저들은 언제든지 긍정할 준비가 되어 있다. 부정적인 상황에서조차 말이다.

부정적인 감정의 폐해

부정적인 말이나 행동은 긍정적인 말이나 행동으로 쉽게 상쇄되지 않는다. 리스키[Riskey]와 번바움[Birnbaum]의 연구에 따르면, 비도덕적인 행동은 그 사람에 대한 전반적인 평가에 엄청나게 부정적인 영향을 미친다.[15] 비도덕적인 행동 후 도덕적으로 바람직한 행동을 보여도, 그 사람에 대한 부정적인 평가에는 변함이 없었다.

스카우론스키[Skowronski]와 칼스톤[Carlston]의 연구에서도 비슷한 결과가 나왔다.[16] 처음 만났을 때 도덕적이라는 인상을 주었더라도, 비도덕적인 행동을 저질렀다는 정보 하나가 입수되면 처음의 인상을 쉽게 뒤집어버렸다. 그러나 그 반대 현상은 나타나지 않았다. 처음 인상이 비도덕적이었을 경우에는 그 사람이 도덕적인 행동을 했다는 사실을 알게 되었더라도 인상이 바뀌지 않았다.

이런 현상은 면접 상황에서도 똑같이 나타난다. 볼스터[Bolster]와 스프링벳[Springbett]의 연구에 의하면, 입사 지원자에 대한 부정적인 정보는 긍정적인 정보보다 더 강력하게 작용한다.[17] 지원자를 채용하기로 결정한 뒤 채용하지 않기로 결정을 번복하기 위해서는 평균 3.8개의 부정적인 정보가 필요했다. 반면 채용하지 않기로 결정한 뒤 결정을 번복하기 위해서는 평균 8.8개의 긍정적인 정보가 필요했다. 즉, 첫인상이 긍정적이었던 지원자를 부정적으로 보게 되는 데는 부정적인 정보가 그다지 많이 필요하지 않았다. 그러나 첫인상이 부정적이었던 지원자를 긍정적으로 보게 되려면 훨씬 많은 긍정적인 정보가 필요했다.

부정적인 생각은 신체의 건강에도 강한 영향을 미치는 것으로 나타났다. 슐츠[Schulz]는 암 환자들을 대상으로 낙관주의와 비관주의의 영향을 연구했다.[18] 238명의 환자들 가운데 8개월의 연구 기간 동안 사망한 환자는 70명이었는데, 그들이 얼마나 낙관적/비관적 생각을 가지고 있는지를 조사해 생존/사망 결과와의 관계를 분석했다. 그 결과, 환자들의 낙관주의는 그들의 생존에 큰 영향을 미치지 못했지만 비관주의는 사망에 중요한 영향을 미치는 것으로 밝혀졌다.

이 같은 연구 결과들이 말해주는 바는 이렇다. 아무리 긍정적인 세계관과 낙관적인 태도로 산다고 해도, 부정적인 감정 하나가 몸과 마음의 건강을 해칠 수 있다. 아무리 도덕적으로 올바르게 살아도 비도덕적인 언행 하나가 평판에 치명적인 영향을 미칠 수 있다. 어쩌면 긍정적인 마인드를 유지하는 것보다 중요한 것이 부정적인 감정을 떨쳐내는 것일지도 모른다.

ENERGIZER

에너자이저의
감성 지능

—

　요즘 신문을 보면 언어적, 물리적 폭력에 관한 기사가 하루도 빠지지 않고 나온다. 직장에서도 예외는 아니다. 최근 미국 직장인 800명을 대상으로 한 설문조사 결과에 의하면, 직장에서 무례하거나 모욕적인 언행이 일어나는 장면을 매일 목격한다고 응답한 사람이 25퍼센트에 달했다.

　이런 경험은 마음에 깊은 상처를 남기기 마련이다. 더 큰 문제는 가해자의 행동이 피해 당사자뿐만 아니라 이를 목격한 주변 사람들에게까지도 부정적인 영향을 미친다는 사실이다. 포라스Porath와 에레즈Erez의 연구에 의하면, 직장 내의 무례하고 모욕적인 언행은 피해자뿐 아니라 목격자의 성과도 저하시키는 것으로 나타났다.[19] 상사가 동료에게 가하는 폭력은 물론이고, 아니라 동료가 다른 동료에게 보이는 폭력적 언행을 목격한 사람들에게서도 같은 결과가 나왔다. 즉, 우리는 상사이건 동료이건 무례하고 모욕적인 언행을 하는 것을 보는 것만으로도 큰 스트레스를 받는다. 같은 연구에 따르면, 특히 모욕당하는 사람이 가까운 동료일수록 업무 성과와 이타적인 행동이 현저하게 저하되고, 부정적인 감정과 공격적인 생각이 월등하게 증가한다.

'미꾸라지 한 마리가 온 웅덩이를 흐려놓는다'는 속담이 있다. 무례하고 모욕적인 언행을 하는 구성원은 조직 내에 적대감과 부정적인 분위기를 고조시키는 악순환의 출발점이 될 수 있다. 그리고 그런 언행을 하는 이유는 분노를 조절하지 못해서인 경우가 많다. 미국의 유명한 비즈니스 매거진 〈패스트 컴퍼니Fast Company〉 칼럼니스트 앤 크리머Anne Kreamer는 2008년 금융 위기 이후 직장인 900명의 심리 상태를 조사했다.[20] 이 조사에서 '최근 1년간 상사가 불같이 화를 내는 것을 본 적이 있는가?'라는 질문에 60퍼센트의 응답자가 '그렇다'고 답했다. '상사가 화를 낼 때 어떻게 하고 싶은가?'라는 질문에는 50퍼센트의 응답자가 '울고 싶다'거나 '짜증난다' 또는 '뭔가를 던지거나 때리고 싶다'고 답했다.

분노를 조절하지 못해 부정적이고 공격적인 언행을 하는 사람들은 자신의 언행이 다른 사람들의 감정과 직장 내 분위기에 어떤 영향을 미치는지에 대한 자각이 없다. 감성지능emotional intelligence 수준이 매우 낮은 이들이다.

감성지능은 크게 다섯 가지 요소로 이루어져 있다.[21]

1. 감정을 파악하는 능력

자신이 현재 느끼는 감정을 파악하고 이해하며, 현재 감정이 자신의 일이나 결정, 다른 사람들과의 대화 등에 어떤 영향을 미칠 수 있는지 파악하는 능력을 의미한다. 이런 능력이 있는 사람들은 자기 자신에 대해 확신이 있고, 자신을 객관적으로 평가하는 특징을 보인다.

2. 감정을 통제하는 능력

충동적인 감정이나 기분을 통제할 수 있는 능력이다. 이런 능력을 소유한 사람들은 현재의 감정을 다스려서 행동하기 전에 먼저 생각할 수 있다. 이들은 타인에게 신뢰감을 주고, 불확실한 상황에도 차분하게 대처하며, 급격한 변화에도 능동적으로 대응하는 특징이 있다.

3. 타인의 감정을 이해하고 대응하는 능력

다른 사람이 어떤 감정을 느끼는지, 왜 그런 감정을 느끼는지 이해하는 공감 능력이다. 또한 타인의 감정 상태를 무시하고 지나치는 것이 아니라, 그의 감정 상태에 적합하게 대응하는 능력을 의미한다. 이런 능력을 가진 사람들은 동료들에게 신뢰감을 주며 인간적인 면이 많이 느껴지는 특징이 있다. 직장 상사나 동료뿐만 아니라 고객들에게서도 신뢰를 얻는다.

4. 일에서 즐거움을 찾고 스스로 동기부여를 하는 능력

돈이나 승진을 바라보고 일하지 않고 일 자체에서 즐거움과 보람을 느낄 수 있는 능력이다. 이런 능력의 소유자는 자기 일에 의욕적이고, 목표 달성 의지가 강하며, 실패해도 희망을 갖고 다시 도전하는 특징을 보인다.

5. 타인과 쉽게 친해지는 능력

다른 사람들에게 쉽게 다가가고 친해지는 능력이다. 이런 능력을 가진 사람은 다른 사람을 설득하는 힘이 있고, 팀을 관리하며 이끄는 능력도 탁월하다. 소셜네트워킹 기술을 가진 사람들이라고 볼 수 있다.

에너자이저는 자신의 감정 상태와 그 상태가 가져올 수 있는 결과를 예측하여 행동한다. 즉, 분노나 불안 같은 부정적인 감정이 미칠 영향을 고려하여 통제하고 관리한다. 사실 하루 종일 긍정적인 감정을 유지하기란 거의 불가능하다. 계속 밀려오는 업무와 사람들의 요구 사항, 중간 중간 출현하는 예상치 못했던 변수들까지 가세해 짜증과 불쾌감 등 부정적인 감정을 느낀다. 이러한 감정 상태는 에너지를 빼앗아가는 주범이고, 동료들 간의 관계에서 마찰을 빚는 원인이 된다.

자신의 감정을 잘 관리하는 것은 자기 자신, 그리고 직장 내 에너지 수준과 밀접한 관련이 있다. 에너자이저는 이를 잘 알고 있으며, 부정적인 감정 상태에서 빠른 속도로 벗어나는 방법 역시 알고 있다. 이를테면 자신이 느끼는 감정의 원인을 이성적으로 바라본다. 또 자신의 감정 속에 숨은 의미를 찾아낼 수 있다. 에너자이저가 부정적인 감정에서 쉽게 벗어날 수 있는 것은 바로 그 때문이다.

또한 에너자이저는 다른 사람의 감정 상태를 파악하고 이에 맞게 대응한다. 언제나 문제가 되는 것은 사람이고 그 관계에서 일어나는 감정이다. 업무 자체가 스트레스를 주는 경우는 많지 않다. 따라서 자신과 타인의 감정을 잘 파악하고 이에 적절히 대응하는 능력은 직장 내 분위기를 바꿀 수 있다. 직장 내 분위기가 긍정적일 때 비로소 우리는 협력할 수 있고 일의 효율도 높일 수 있다. 에너자이저는 이 사실을 잘 알고 있는 사람이다.

긍정적인
감정 만들기

–

타인에 대한 친절이 가져오는 긍정의 감정

엊그제 초등학교 3학년생인 큰아이가 아빠와 함께 지적 장애인 60여 명이 살고 있는 한 사회복지기관에 다녀왔다. 가족도 없고 이름도 모른 채 혼자 남겨진 장애인들이 살고 있는 곳이었는데, 그곳에서 장애인 아이 한 명과 이야기도 나누고 점심식사도 함께 하고 돌아왔다. 그 장애인 아이는 큰아이의 손을 잡고는 "손이 따뜻하다"고 말했다고 한다. 헤어질 때까지도 두 아이는 손을 꼭 잡고 있었다. 돌아오는 길에 큰아이가 아빠에게 이렇게 말했다고 한다.

"사람은 겉모습만 보고 판단해서는 안 돼요. 마음이 아름다운 게 더 아름다운 거니까요."

사실 나는 무엇 하나 부족할 것 없는 환경에서 자라고 있는 우리 아이들을 보며 걱정될 때가 많았다. 세상에는 소외되고 어려운 이웃들이 훨씬 많다는 사실을 깨닫게 하는 좋은 방법이 없을까 고민하기도 했다. 축복받은 환경에서 자라나는 우리 아이들이 소외된 이웃들에게 도움의 손길을 내밀 수 있는 사람으로 성장하기를 바라기 때문이다. 그런데 사회복지기관에서 돌아 오는 길에 아이가 했다는 말을 듣고는 내 걱정이 기우였다는 생각이 들었다. 아이는 그 날의 짧은 경험에서 이미 함께 손을 잡았던 장애우와 긍정의 감정을 나누었고, 인간의 가치에 대한 개념까지 갖게 된 것이다. 오히려 자기 손을 잡아주었던 장애우에게 감동을 받았던 것 같다. 그래서 겉모습보다 마음이 중요하다고 한 것 아닐까.

아이가 했다는 말을 듣고 나는 그 애가 의미 있고 가치 있는 삶을 살게 될 것 같아 가슴이 설레었다. 그 순수한 에너지가 나에게까지 전달되는 것 같아 기분이 가벼웠다.

에너자이저는 다른 사람들에게 관심을 갖고 배려하며, 친절과 도움을 베풀고 감사의 마음을 표현한다. 그런 성품을 타고 났기 때문이 아니라 그것이 에너지 수준을 높이는 길임을 자각하고 있기 때문이다. 어려움에 처한 사람을 도와주거나 이들에게 힘이 되어줌으로써 스스로 가슴이 뿌듯해지는 경험을 한 적이 있을 것이다. 그런데 그런 뿌듯함이 그 자체로 끝나버리는 것이 아니라, 나의 일상과 업무에 활력소로 작용하는 희한한 경험을 해본 적도 있을 것이다.

텍사스 대학의 바텔Bartel 교수는 한 미국 회사의 직원들이 봉사활동을 하고 난 뒤에 어떤 변화를 보이는지 주목했다.[22] 그는 봉사활동에 참여하는 직원들을 관찰하고 인터뷰한 결과 매우 흥미로운 사실을 발견했다. 직원들의 봉사활동은 그 혜택을 받은 사람들에게만 긍정적인 결과를 가져온 것이 아니라, 그 봉사활동에 직접 참여한 직원들에게도 매우 긍정적인 영향을 가져왔던 것이다. 즉, 봉사활동에 참여한 직원들은 자신들보다 훨씬 어렵고 힘든 처지에 있는 사람들을 보면서, 보다 나은 조건과 환경에서 살며 일하고 있는 자신의 상황에 감사하는 마음을 갖게 되었다. 더 나아가 좋은 여건에서 일할 수 있는 기회를 제공해준 회사에 대해서도 감사하는 마음이 생기고 애사심도 높아졌다.

기업의 사회적 책임 또는 사회공헌 활동은 요즘의 화두 중 하나다. 이 연구 결과는 기업의 사회공헌 활동에 직원들이 직접 참여함으로써 긍정적인 효과를 기대할 수 있다는 사실을 말해준다.

감사의 힘

감사하는 마음을 가질 때 우리는 삶의 만족도가 높아지고, 스트레스나 우울증에도 덜 취약해진다. 그래서 전문가들은 '감사 일기'를 쓸 것을 제안한다. 그날 하루를 돌아보며 감사한 일 다섯 가지를 찾아 매일 글로 적는 것이다.

포스코아이씨티는 포스콘이라는 철강 전문 엔지니어링 회사와 포스데이타라는 IT서비스 전문회사가 합병한 회사다. 그런데 기업 문화의 차이뿐만 아니라 서로의 업무에 대한 이해와 소통 부족으로 직원들 사이에 불신이 팽배했다. 이를 해소하기 위해 포스코아이씨티는 2010년부터 행복 나눔 운동을 펼치고 있는데, 그 가운데 하나가 감사 일기 쓰기다.

감사에는 3단계가 있다고 한다. 1단계는 '만약 ~한다면 감사'하는 것이고, 2단계는 '~ 때문에 감사'하는 것이다. 마지막 3단계는 '~에도 불구하고 감사'하는 것이다. 즉, 무조건적인 감사다.

처음 직원들은 회사가 별 걸 다 시킨다며 불만이 많았다. 하지만 매일 감사한 일 다섯 가지를 계속 쓰다보니 직원들은 '~에도 불구하고 감사'하는 마음을 갖게 되었다. 무조건 감사하는 마음이 생긴 것이다.

한 직원이 작성한 '다섯 가지 감사'다.

1. 출근할 때 손을 흔들어주신 부모님께 감사드립니다.
2. 이른 아침 갑자기 소집된 회의에 밝은 얼굴로 많이 참석해주셔서 감사합니다.
3. 회의에서 좋은 아이디어를 제공해주신 실장님께 감사드립니다.
4. 회의에 필요한 자료를 잘 준비해주신 팀장님, 과장님, 대리님께 감사드립니다.
5. 일할 수 있는 기회를 준 회사가 있어 감사합니다.

이 운동을 펼친 후 직원들의 행복지수를 측정해보았다. 이 운동을 시작하기 전인 2009년에는 43퍼센트에 불과했던 행복지수가 이 운동을 시작한 2010년에는 58퍼센트로 상승했다. 그로부터 1년 후인 2011년에는 무려 84퍼센트로 급상승했다. 게다가 매출액 또한 30퍼센트 이상 증가했다. 감사하는 마음과 감사의 표현이 얼마나 에너지 수준을 높이는지 보여주는 좋은 예다.

이 회사의 한 직원은 시골에 사는 홀어머니께 100가지 감사를 편지로 써 보냈는데, 이에 감동한 84세의 어머니가 아들에게 난생 처음 편지를 쓰셨다. 서툴긴 하지만 아들에 대한 사랑이 가득 담긴, 모두의 가슴을 울리는 답장이었다. 자신의 어머니에게 고마워하지 않는 사람은 별로 없다. 그러나 그것을 표현하는 사람도 별로 없다. 어머니뿐만 아니라 다른 누군가에게 감사를 표현하는 일은 언제나 뒤로 미뤄지기 일쑤다. 감사의 표현은 급히 처리해야 할 일이 아니기 때문에 그 기회를 놓치기 쉽다. 이럴 때 아주 간단한 방법이 있다. 감사를 표현하는 시간을 정기적으로 갖는 것이다. 너무 기계적이라고? 하지만 그렇게 하는 것이 아무것도 하지 않는 것보다는 백 배 낫다.

유머와 웃음은 효과 만점의 에너지 자원

심리학자 켈트너Keltner와 보내노Bonano의 연구에 의하면 자주 웃고 유머러스한 사람들은 슬프거나 화가 나는 상황에 지나치게 몰입되지 않고 자신을 그 상황에서 어느 정도 분리시킬 수 있었다.[23] 대학 입시처럼 스트레스 수준이 높은 시험을 앞두었을 때도 마찬가지였다. 유머를 자주 사용하는 사람일수록 당면한 문제를 해결하는 데 초점을

맞추며 효과적으로 상황에 대응했다.[23]

에너자이저는 긍정적이다. 잘 웃고 적절히 유머를 활용한다. 이 같은 에너자이저의 예로, 글락소스미스클라인 한국 법인의 박혜숙 교육팀장을 들고 싶다. 박혜숙 팀장은 개그우먼 출신이라는 특이한 이력의 소유자다. 1997년 MBC 공채 8기로 데뷔해 이듬해에는 연예대상 여자신인상도 받았다. 하지만 힘든 연예계에서 우울증을 얻어 2년 반 만에 개그우먼 생활을 접었다. 이후 평소 관심 있던 제약업계에 입문했다. 한국릴리에 입사한 뒤 그녀는 개그우먼 특유의 재치와 친화력으로 담당 약품의 월 매출액을 4~5배까지 끌어올렸다. 얼마 후 그녀는 글락소스미스클라인 한국 법인에 스카우트되어 여성 최초로 영업팀장에 올랐다. 현재는 직원 교육을 지휘하는 교육팀장으로 일하고 있다.

우울증 치료제를 판매할 당시 그녀는 매일 우울증 환자를 대하는 의사들도 우울할 것이라고 생각했다. 그래서 분홍색 원피스에 꽃장식을 단 광녀 분장을 하고 나타나 의사들을 웃겼다. 웃음은 곧 매출 증가로 이어졌다. 최근에는 영국 본사가 벌이는 개발도상국 보건 환경 개선사업에도 참가했다. 한국인으로서는 처음 선발된 것이었다. 그녀는 보건 환경 개선사업 현장인 가나에서도 빛을 발했다. 수도와 한참 떨어진 오지에서 손 씻는 과정을 율동으로 만들어 신나게 따라하게 하고, 보건 교육 도중에도 고릴라 흉내를 내며 몸 개그를 아끼지 않았다. 〈강남 스타일〉을 〈가나 스타일〉로 바꿔 부르며 현지인들에게 말춤을 가르치고, '콘돔 빨리 끼우기 페스티벌'을 여는 등 획기적인 방법으로 피임 교육을 했다. 반응은 폭발적이었다. 박혜숙 팀장의 유머는 가나에서도 통했다. 가난과 질병에 시달리는 가나 사람들에게도 웃음은 최고의 에너지 충전기였던 것이다.

'유머는 세계관이다.' 프랑스의 사상가 테이아르 드 샤르댕Teihard de Chardin의 말이다. 즉, 유머란 인생을 긍정적으로 바라보는 관점이다. 모든 사물과 현상의 이면에 숨어 있는 긍정성을 발견하고 느끼면 에너지 넘치는 삶을 살 수 있다.

4장
—

에너자이저의 특징3
_감정 활용력

**에너자이저는
강점을 파고든다**

ENERGIZER

잘하는 것이 분명히 있는데도 사람들은 내가 못 하는 것만 지적했고
거기에 집중하다 보니 내 장점을 잃어버렸다. 재활하는 동안 나의 우승
장면이 담긴 영상들을 다시 보면서 내가 가장 잘하는 것에 집중하자고
결심했다. 그것이 메이저 대회 2주 연속 우승의 비결이었다. _ **신지애**

잘하는 것을
더욱 잘하게

—

타이거 우즈는 세계 최고의 골퍼 가운데 한 명이다. 불미스러운 사생활로 한때 하강곡선을 그리기도 했지만, 2년 반 만에 세계 랭킹 1위 복귀를 눈앞에 두고 있다. 우즈는 대체 어떻게 훈련을 하기에 최고의 실력을 유지할 수 있는 것일까? 실력 향상을 위해 그는 어떤 전략을 사용할까? 자신의 약점을 보완하기 위해 평소 어떤 노력을 기울이는 것일까?

많은 사람들이 환상적인 스윙과 롱 드라이브를 우즈의 강점으로 꼽는다. 약점으로 꼽는 것은 샌드 세이브기술인데, 2012년 기준으로 우즈의 샌드 세이브기술은 세계 83위에 불과했다. 그렇다면 우즈는 이 기술을 연마하기 위해 많은 연습을 할까? 대답은 '노'다. 그는 대부분의 연습 시간을 본인의 강점인 스윙과 드라이브 기술 연마에 할애한다고 한다. 약점이 아니라 강점에 집중하는 것이다.

스윙과 드라이브 기술이 좋으면 공이 모래밭에 빠질 가능성도 줄어든다. 때문에 강점인 스윙과 드라이브 기술을 향상시킬수록 약점인 샌드 세이브 기술을 사용해야 하는 상황이 덜 발생한다. 그렇다고 샌드 세이브 기술을 전혀 연습하지 않는 것은 아니다. 우즈의 연습 전략은 쉽게 말해 '잘하는 것은 더욱 잘하게, 못하는 것은 평균 수준은 되도록'이다. 약점이 좋은 결과를 내는 데 큰 장애물이 되지 않을 만큼만 시간과 노력을 들이는 것이다.

많은 이들이 자신의 약점에 대해 고민하고 그에 연연해하며, 약점을 보완하기 위해 많은 노력을 기울인다. 약점만 극복하면 지금보다 훨씬 강해지리라 생각하기 때문이다. 그러나 약점에 너무 신경을 쓰고 그것을 보완하는 데 급급하다보면 정작 중요한 강점을 활용하고 개발하는 데 소홀할 수밖에 없다.

평균이 아니라 탁월하고 싶다면

사람들이 자신의 약점을 최대한 보완하고 개발한다고 해서 과연 탁월한 성과를 낼 수 있을까? 기껏해야 평균 정도의 수준까지 성과를 끌어올릴 수 있을 뿐이다. 약점을 보완하는 일은 두루두루 부족함이 없는 사람을 만들지는 몰라도, 뛰어난 강점을 발휘하는 사람을 만들기는 어렵다. 평범한 수준을 뛰어넘어 비범하고 탁월한 결과를 가져오기 위해서는 자신의 강점에 초점을 두고 이를 꾸준히 개발해야 한다.

요즘 대학생들을 보면 다들 취업 준비에 목숨을 건 듯하다. 학점 관리부터 시작해 토익 성적 향상을 위해 손에서 영어책을 놓지 않고, 동아리 활동이나 아르바이트 등 다양한 경험을 쌓기 위해 동분서주한다. 해외 연수나 인턴사원 경력을 쌓는 것은 기본이다. 자신의 부족한 점을 채우는 데 많은 시간과 노력을 들인다. 결과적으로 '스펙'은 상향 평준화되고, 입사지원서의 자기소개서 내용은 비슷비슷해서 차별성이 사라진다. 숱한 자기계발서들은 성공하려면 '차별화'를 해야 한다고 말하지만, 정작 사람들을 보면 별로 특별할 것이 없다.

만약 자신이 차별화되기를 원한다면 약점보다 강점에 집중하는 편이 훨씬 효과적이다. 약점을 찾다보면 이것도 눈에 띄고 저것도 눈에 띈다. 약점은 강점보다 눈에 더 잘 띄기 때문에, 고치고 버리고 보완해야 할 부분들이 여기저기서 나타나기 마련이다. 이를 모두 해결하려면 얼마나 많은 시간과 노력이 필요하겠는가.

마커스 버킹엄Marcus Buckingham과 도널드 클리프턴Donald O. Clifton은 《위대한 나의 발견, 강점 혁명Now, Discover Your Strengths》에서 '진정한 탁월함은 개인의 특유한 강점에서 나온다'고 주장한다.[1] 강점에 근거한 자기계발 방식은 단점의 보완을 통한 자기계발 방식보다 잠재력의 발견과 발현에 훨씬 효과적이며, 자신의 가치를 재조명하게 하고 자기 자신에 대한 이해를 통해 더 큰 에너지를 느끼게 한다. 따라서 자신만의 독특하고 특유한 강점을 발견하는 것이 무엇보다도 중요하다. 그 동안의 경험을 깊이 성찰하며 자신의 강점을 발견해낼 때 그 강점을 비로소 개발하고 활용할 수 있다.

　약점은 누구에게나 있다. 완벽한 사람은 존재하지 않는다. 약점에 너무 신경 쓰지 말라는 이유가 여기에 있다. 치명적인 단점이나 강점을 발휘하는 데 방해가 되는 단점, 조금만 노력하면 고칠 수 있는 약점이 아니라면, 마음 편하게 그 약점을 자신의 일부로 받아들이거나 잊는 편이 낫다. 또한 약점에 대해 너무 많이 생각하다 보면 그 약점이 족쇄가 될 수 있다. 발목을 잡아 앞으로 나아가지 못하게 막는 것이다. 부정적인 생각이 부정적인 결과를 가져오는 것과 마찬가지다. 약점보다 강점에 집중하는 것은 긍정성을 강화하는 일이기도 하다.

지금 하는 일이
당신의 강점에 맞습니까?

갤럽연구소에서는 2012년 8월 23일부터 27일까지 5일간에 걸쳐 미국 성인 5,049명을 대상으로 다음과 같은 질문을 했다.[2] '당신이 어제 한 일 중, 자신의 강점을 발휘해서 가장 잘 할 수 있는 일을 한 시간은 얼마나 되나요?'

전화 인터뷰 결과, 가장 잘 할 수 있는 일에 3시간 미만 정도의 시간을 할애했다고 대답한 사람이 전체 응답자의 21퍼센트에 달했다. 자신의 강점을 살려 하루 10시간 이상을 할애했다고 응답한 사람은 4명당 1명 정도였다. 미국 성인 4명 중 3명은 자신의 강점을 최대한 발휘하며 생활하지 못하고 있었던 것이다.

추가 분석 결과, 자신의 강점을 갖고 가장 잘 할 수 있는 일에 시간을 더 많이 할애할수록, 걱정이나 스트레스, 분노, 슬픔, 신체적 통증을 덜 느낀다는 것 또한 밝혀졌다. 즉, 자신이 강점을 가지고 자신 있게 할 수 있는 일을 하기 보다는, 그렇지 않은 일에 더 많은 시간을 할애할 경우 심리적, 정신적, 육체적으로 부정적인 결과를 초래할 수 있다는 것이다.

반면 자신의 강점을 발휘하는 일에 더 많은 시간을 할애할 경우 긍정적인 감정을 더 많이 경험하는 것으로 나타났다. 높은 에너지를 느끼고 충분한 휴식을 취했다는 편안함을 느끼며 행복감도 증가한다. 더 자주 미소 짓고 더 크게 웃으며, 새로운 것을 배우는 데 흥미를 느끼고, 다른 사람들로부터 존중받는다고 느끼는 것으로 밝혀졌다.

특히 자신이 강점을 가지고 있는 일에 10시간 이상 할애했다고 응답한 사람은 3시간 미만의 시간을 할애했다고 응답한 사람에 비해 긍정 에너지를 22퍼센트 가량 더 많이 느끼는 것으로 나타났다. 흥미롭게도 행복감이나 즐거움, 기쁨의 감정은 하루에 단 2~3시간 정도만 자신의 강점을 발휘할 수 있는 일을 해도 느껴지는 것으로 나타났다. 얼마 안 되는 시간 같지만 하루에 2~3시간만이라도 자신이 가장 잘 할 수 있는 일을 하며 보낼 때 기분 좋은 하루가 될 수 있는 것이다.

또한, 자신의 강점을 발휘할 수 있는 일에 투입하는 시간이 한 시간 한 시간 늘어날 때마다, 그에 비례하여 스트레스와 걱정이 줄어들고 다른 사람들로부터 존중받는다는 느낌이 향상된다고 한다. 자신의 강점을 활용할 때 에너지 수준이 높아지는 것은 물론이고, 시간이 흐르는 것조차 잊을 정도로 하고 있는 일에 자신을 완전히 몰입시키게 된다. 실제로 우리가 정말 좋아하고 재미있는 일을 할 때는 시간이 흐르는 줄도 모르지 않던가? 갤럽의 한 보고서에 따르면, 자신의 강점을 파악하기만 해도 업무 생산성이 7.8퍼센트 향상된다고 한다.

자신이 어떤 일을 가장 잘 하고 어떤 일에 가장 강점을 가지고 있는지를 알게 되면, 자신의 강점을 활용할 수 있는 일을 능동적으로 찾아서 하고자 하는 의욕이 생기기 때문이다.

나의 강점을
발견하는 법

—

강점을 아는 일은 중요하다. 강점을 발견하는 것은 자신의 에너지를 어디에 쏟아야 할지 아는 것이 자신의 강점을 활용할 때 가장 효과적인 결과를 가져올 수 있다.

자신의 강점을 알게 되면 우선 자기 스스로에 대해 뿌듯함과 자랑스러움을 느끼게 된다. 주변 사람들로부터 피드백을 받는 과정에서 그들이 나에게 기대하는 바에 부응하려는 의욕이 생기고, 긍정적인 피드백을 준 사람들과의 관계가 끈끈하고 돈독해지는 경험을 하게 된다. 또한 강점을 알면 어느 분야에 초점을 두고 노력을 집중해야 하는지 구체적인 계획을 세울 수 있다. 강점을 아는 것은 전진의 원동력이 되기도 한다. 또한 강점을 발휘할 때 가장 효과적으로 일할 수 있고 좋은 결과를 만들어낼 수 있다.

그렇다면 나의 강점은 무엇인가? 어떻게 해야 나의 강점을 찾을 수 있을까?

문제는 강점을 스스로 파악하기란 쉽지 않고, 판단의 객관성도 떨어진다는 사실이다. 따라서 정확하고 솔직한 피드백을 줄 수 있는 주위 사람들로부터 정보를 얻는 것이 중요하다. 우리의 강점은 다양한 상황에서 여러 모습으로 드러날 수 있기 때문에, 가급적이면 여러 분야의 다양한 관계의 사람들로부터 피드백을 얻는 것이 좋다.

최고의 자화상을 그려라

미시간 대학의 긍정 조직학 연구 센터에서는 자신의 강점을 발견하는 간단한 방법을 개발했다.[3] 직장 동료, 친구, 가족, 고객, 그 외의 지인들로부터 자신의 강점과 좋은 점에 대해 피드백을 받고 그 내용을 정리해 '최고의 자화상'을 그려보는 것이다.

1단계: 먼저 자신을 잘 알고 구체적인 피드백을 줄 수 있는 사람을 10~20명 선정한다. 현재 또는 전 직장 동료나 상사일 수도 있고, 친구나 가족 혹은 고객일 수도 있다. 가능한 한 다양한 관계에 있는 사람들을 골고루 선정하는 것이 좋다.

2단계: 선정한 사람들에게 이메일을 보내거나 전화를 걸어 피드백을 구한다. 다음과 같이 부탁하면 된다.

"나와 대화를 하거나 함께 일하거나 활동할 때를 떠올려보세요. 내가 두각을 나타냈다든지, 뛰어난 점을 보였다든지, 최고의 모습을 보였다고 생각된 때가 있으면 그 상황에 대해 말씀해주시고요. 그 상황에서 내가 보였던 모습을 가급적 자세히 설명해주세요."

자신의 강점에 대해 설명해 달라고 부탁하기란 사실 상당히 어색한 일이다. 하지만 부탁을 받은 사람들은 의외로 적극적으로 답해준다. 피드백은 다음의 예시와 같이 나올 수 있다.

예1: 최선을 다해 일하도록 유도하는 능력

프로젝트가 일정보다 지연되면서 팀원들의 스트레스 지수가 최악으로 치닫던 때가 있었습니다. 다들 프로젝트 기한이나 맞추자는 생각으로 일하고 있었죠. 과장님은 그때 우리가 최선을 다하지 않는 것을 간파하고는 업무를 중단시키고 다들 모이라고 했습니다. 그러고는 적당히 기본만 하는 결과물을 내고 싶은지, 아니면 정말 뛰어난 결과물을 내고 싶은지 물었습니다. 우리가 얼마나 훌륭한 결과물을 낼 수 있는 잠재력을 가졌는지 강조했지요. 과장님은 우리의 능동적인 참여를 이끌어냈습니다. 덕택에 우리 팀은 기한도 맞추고 팀원들이 정말 자랑스럽게 생각하는 결과물도 낼 수 있었습니다.

예2: 글로벌 이슈에 대해 생각하도록 유도하는 능력

우리 팀이 새로운 전략을 세우기 위해 토론할 때였습니다. 과장님은 미국과 유럽 시장의 트렌드를 알려주면서, 그 점에 대해서도 생각해보라고 하셨습니다. 그때까지 사실 누구도 한국 시장 이외의 시장을 고려해본 적이 없었지요. 과장님은 항상 글로벌한 관점에서 생각해보라고 강조하셨습니다.

예3: 아무리 어려운 역경이 닥쳐도 이겨내는 능력

우리 팀이 중요한 보고서를 제출해야 하는 기한을 넘긴 상황이었습니다. 팀원 한 사람이 갑자기 퇴사를 하는 바람에 일손도 부족한 상태였죠. 그때 B 과장님은 낙담하지 않고 그 어느 때보다도 일에 집중하는 모습을 보여줬습니다. B 과장님은 48시간 동안 잠도 안 자고 일하셨던 것으로 기억합니다. 그런 악조건 속에서도 그만큼 훌륭한 보고서를 만들어낸 것을 보고 정말 놀랐습니다.

3단계 : 피드백을 받으면 다음의 표처럼 핵심 내용을 뽑아내 정리한다. 여러 명의 피드백 전반에 나타나는 공통적인 의견이나 패턴이 있는지 살펴보고 공통점을 정리한다.

공통점	사례로 제시된 이야기	나의 해석 및 정리
창의성	프로젝트를 혁신적인 방법으로 이끌었다. 동료가 상사와의 관계에 문제가 생겼을 때 문제 해결에 도움을 주었다.	내 생각이나 아이디어에 창의적인 면이 있는 것 같다. 새로운 방식으로 문제를 해결하기도 한다.

4단계 : 피드백을 바탕으로 나의 최고의 모습을 그려본다. 다음의 예처럼 해볼 수 있다.

예1: 나의 최고의 강점은 창의적이라는 것이다

새로운 아이디어가 생각나면 에너지가 샘솟는다. 새로운 아이디어나 일을 추진할 때 혁신적인 접근 방법을 사용하기도 한다. 지나간 기회나 과거의 실패에 대해 생각하면서 쓸데없이 에너지를 낭비하지 않는다. 불확실한 상황이나 주변의 비판적인 시각을 걱정하느라 에너지를 허비하지도 않는다. 가능한 일과 중요한 일에 집중적으로 시간과 에너지를 투자하기 위해 애쓴다.

예2: 복잡한 문제에 부딪쳐도 내 나름대로의 관점에서 접근하여 문제를 풀어내려고 노력한다

무관해 보이는 아이디어들을 '관련 없다'고 옆으로 밀어놓기보다는 '관련이 있겠지' 하는 생각으로 먼저 가능성을 두고 연관성을 탐색한다. 그래서 다른 사람들이 간과하는 포인트를 집어내기도 한다.

비전과 목표를 제시할 때도 다른 사람들이 설득될 수 있고 몰입할 수 있는 방식으로 한다. 거창해 보이는 비전과 목표보다는 사람들이 일상에서 조금만 노력하면 달성할 수 있는 방식으로 구체적인 사례와 이야기를 통해 설득한다.

예3: 나의 강점은 직원들의 참여를 이끌어내는 능력이다

나는 비전을 제시하고, 문제를 해결해나갈 수 있도록 뒤에서 도움을 준다. 도움을 줄 때는 그 사람에게 정말 필요한 것이 무엇인지 공감하기 위해 노력한다. 또 강요하기보다는 자발적인 참여를 이끌어내고, 자율적이고 능동적인 태도를 강조한다. 미팅을 할 때도 직원들의 아이디어가 구체화될 수 있도록 유도한다. 나는 직원들이 자신의 잠재력을 최대한 발휘해서 최선을 다하도록 도울 수 있다.

주변 사람들로부터 피드백을 구하는 방법이 훨씬 효과적이지만, 그전에 스스로 강점을 파악해보는 것도 좋은 시작점이 될 수 있다. 지난 몇 달을 회상하는 방법이다.[4] 자신이 업무에 몰입하고, 능숙하고 효과적으로 일을 처리하며, 그 과정에서 큰 만족감을 느꼈던 때를 떠올려본다. 그때를 회상하면서 그렇게 할 수 있었던 이유를 분석하면 강점이 무엇인지 보일 것이다.

즐겨야 강점이다

누구나 강점을 가지고 있다. 이 세상에 강점이 없는 사람은 없으며, 다만 자신의 강점을 파악하기가 어려울 뿐이다. 강점이란 특별히 잘하는 것, 즉 어떤 분야에서의 재능이다. 혹은 어떤 상황에서 발휘되는 능력일 수도 있다. 프로젝트 마감 기한이 다가오는 초조한 상황에서 재치 있는 유머로 팀원들의 긴장을 풀어준다든지, 상사와 갈등을 빚고 있는 동료에게 적절한 조언으로 갈등 해결에 도움을 준다든지 하는 능력도 하나의 강점이 될 수 있다.

그런데 이러한 재능이나 능력이 진정한 강점으로 작용하기 위해서는 스스로 그 재능과 능력을 발휘하길 즐겨야 한다. 즐거움 없이 억지로 어떤 일을 한다면, 아무리 좋은 성과를 내도 그 일에 강점을 가졌다고 말하기 어렵다. 이를테면 프레젠테이션을 마친 후 상사가 아주 뛰어난 발표였다고 칭찬을 했다고 하자. 그런데 자신은 프레젠테이션을 준비하고 수행하는 과정을 즐기지 못했다면 그 일에 진정한 강점을 가진 게 아니다.

MBA 학생들의
강점 발견 프로젝트

—

나는 MBA 학생들을 대상으로 '강점 피드백 프로젝트'를 몇 차례 진행했다. 직장 동료 세 명, 친구 세 명, 가족 세 명을 선정해 피드백을 구하고, 그 피드백에 근거해 자신의 최고 모습을 그려보게 했다. 처음 과제를 제시했을 때는 다들 민망해하며 신음소리를 냈다. 주변 사람들을 귀찮게 하는 것 같고, 게다가 자신의 강점에 대해 물어본다니 쑥스럽기 짝이 없다는 것이었다.

그래도 기한을 주고 보고서를 제출하도록 했더니, 많은 학생들이 훌륭한 보고서를 작성해왔다. 이 보고서 내용과 연계해 수업을 진행했는데, 많은 학생들이 이 프로젝트를 매우 긍정적으로 평가했다. 자신이 알고 있는 강점에 대해 다른 사람들도 비슷한 생각을 하고 있었다는 학생도 있었고, 전혀 모르던 자신의 면모를 발견하게 되어 무척 신기하다고 한 학생도 있었다. 어떤 학생은 자신의 강점에 대해 상세한 피드백을 해준 사람들에게 고마운 마음이 들었다고 했다.

재미있는 점은, 강점을 알려 달라고 요청했음에도 많은 이들이 단점도 함께 언급했다는 사실이다. 하나의 단점만 언급해도 피드백을 받는 사람은 자신의 부정적인 면에 집착할 가능성이 높다. 그렇게 되면 '강점 피드백 프로젝트'의 효과가 떨어진다. 그러므로 단점에 대한 피드백이 있었더라도, 그것을 의도적으로 무시하고 강점에 대한 피드백에 집중하는 것이 좋다.

강점 피드백, 그 강력한 경험

나 역시 내 강점을 파악하기 위해 주변 사람들에게 피드백을 요청한 적이 있다. 피드백을 읽으면서 놀랐던 점은 내가 기억조차 하지 못하는 일들을 주변 사람들은 기억하고 있다는 사실이다. 미팅이나 강의 시간에 학생들에게 의욕을 북돋아 주고 할 수 있다는 자신감을 심어주었다든지, 밝은 얼굴로 반가워하며 인사를 건네는 모습에서 상대방을 존중한다는 느낌을 받았다든지, 부모님을 모시고 간 가족 휴가에서 즐겁게 보낼 수 있도록 철저히 준비하고 노력하는 모습에 감동받았다든지, 집안일을 도와주시는 분을 한 가족처럼 존중하고 아끼는 모습이 보기 좋았다든지 등등.

그 중 몇 가지는 어렴풋이 기억나기도 했지만 나는 별로 대수롭지 않게 여겼던 일들이었다. 나에게는 당연히 해야 할 일들이었고 일상적인 일들이었을 뿐인데, 주변 사람들이 거기에 큰 가치를 부여하고 나의 강점으로 얘기해준다는 것이 놀랍기도 하고 감동적이기도 했다.

주변 사람들이 내게 준 피드백을 분석하면서 나는 오랜 시간에 걸쳐 강점의 카테고리들을 만들었다. 그러는 가운데 서서히 내용이 정리되기 시작했다. 강점에 대한 피드백들을 분석하고 정리하는 과정에서 나는 어떤 강렬한 경험을 할 수 있었다. 피드백을 받기 전에는 내 강점이 무엇인가에 대해 어렴풋이 생각했기에 주위 사람들에게 물어볼 생각도 하지 못했다. 그런데 학생들을 대상으로 강점 발견 프로젝트를 진행한 후, 나도 나의 강점을 본격적으로 발견하고 싶다는 생각에 주위 사람들에게 피드백을 구했다. 그리고 그렇게 하기를 참 잘 했다는 생각이 든다. 사람들이 내게 준 피드백을 읽을 때마다 에너지가 솟아오른다. 그 사람들이 나에게 고마워하고 있다는 것을 알게 되었고, 그들이 나를 소중하게 여기고 사랑하고 있다는 느낌을 받았다. 내 마음속에 에너지가 충만해지는 느낌이었다.

강점 피드백과 인간관계의 깊이

우리는 강점이나 성공보다는 단점이나 실패에 집착하는 경향이 있다. 나도 종종 내 부정적인 측면을 생각하며 상당한 시간을 소모하곤 한다. 그런데 강점 피드백은 부정적인 면보다는 긍정적인 면에 초점을 맞추는 계기가 되어주었다. 더불어 내가 이 세상에 어떤 긍정적인 변화를 가져오고 어떤 기여를 할 수 있을지 생각할 수 있게 되었다. 강점에 대한 피드백이 나의 성공적인 면, 내가 잘하는 일, 내가 지닌 가치를 깨닫게 했던 것이다.

강점에 대해 알면 스스로를 더 사랑할 수 있게 된다. 거울에 비친 자기 모습이 멋질 때 기운이 나고 스스로가 더 마음에 드는 것과 같은 이치다. 나 자신을 긍정적으로 평가하면 자신감도 상승한다. 강점을 개발하고 활용할 전략을 구상하면서 미래를 계획하게 되고, 성장을 희망하게 된다. 더불어 더 큰 꿈을 위해 도전할 용기가 생긴다. 진정한 에너지를 경험한다는 건 바로 이런 것이 아닐까?

강점 피드백을 받으면 좋은 점이 또 한 가지 있다. 내게 피드백을 준 사람과 더 돈독한 인간관계가 형성된다는 것이다. 새로 맡은 업무로 고전하는 동료에게 도움을 준 후, 그 동료가 그 사실을 기억하고 고마움을 표현했다고 생각해보자. 그는 당신의 강점 피드백을 통해 고마운 마음을 표현한 것이다.

직장 동료들뿐만 아니라 내 가족과 친구들도 나를 소중하게 생각하고 나에게 고마운 마음을 가졌던 적이 있을 것이다. 다만 그러한 마음을 표현할 기회가 없었거나, 기회가 있었어도 쑥스러워 표현하지 못한 것이다. 그렇다고 그들에게 대놓고 나한테 고맙지 않느냐고 물어볼 수도 없는 일이다. 피드백을 구하고 받는 일은 서로 마음을 표현할 수 있는 좋은 기회가 될 수 있다. 이 같은 마음의 표현은 피드백을 주고받는 두 사람의 관계를 더 깊이 있게 만들어준다.

강점 피드백은 피드백을 준 사람들의 기대에 부응하도록 만든다.

그들의 기대를 저버리지 않기 위해 노력하기 때문이다. 사람들은 보통 칭찬을 받으면 칭찬을 받은 대로 행동하기 마련이다. 누군가에게 "너는 말을 참 기분 좋게 해"라는 얘기를 들었다고 하자. 다음에 그를 만날 때는 기분 좋은 말을 하기 위해 신경을 쓸 것이다. 그것이 사람의 마음이다.

한편 주위 사람들이 나의 재능이나 좋은 점 등을 이야기한다는 것은 내가 그런 강점을 발휘하기를 기대하는 것이기도 하다. 그러다 보면 그들의 기대와 합치되는 방향으로 강점이 더욱 강화된다. 이 얼마나 유쾌한 선순환인가?

강점 피드백이 어려운 이유

왜 사람들은 여러 가지 장점에도 불구하고 강점 피드백을 더 자주 주고받지 않을까? 왜 사람들은 강점보다 약점을 피드백 하는 데 더 익숙한 걸까?

우선 강점에 대해 피드백 하는 것은 약점에 대해 피드백 하는 것보다 시간이 많이 걸린다. 우리는 부정적인 측면을 더 잘 짚어내고 더 오래 기억하는 속성이 있다. 때문에 단점은 고민 없이 쉽게 지적해줄 수 있다. 반면 긍정적인 측면은 눈에 잘 띄지도 않고 뇌리에 오랫동안 각인되지도 않는다. 그것을 기억해내려면 상당한 시간이 필요하다. 강점에 대한 피드백이 귀찮고 힘들게 여겨지는 이유가 여기에 있다.

다음으로 긍정적인 피드백은 주는 사람이나 받는 사람이나 어색하고 부담스럽다. 다른 사람들은 약점을 지적하고 있는데 나만 그의 강점을 말한다면, 입에 발린 말을 한다고 오해하진 않을지 걱정이 된다. 피드백 받는 사람 역시 어릴 때부터 대부분 고쳐야 하거나 노력해야 할 점들을 피드백 받아왔는데, 어느 날 누군가가 자신의 강점만 이야기해준다면 적응이 안 될뿐더러 그 의도를 의심할 수도 있다.

중요한 것은 어떤 식으로든 자신의 강점을 정확히 파악하는 일이다. 강점을 발휘하는 것은 약점을 보완하는 것보다 몇 배 이상의 발전을 가져올 수 있다.

강점 개발이 가져오는
놀라운 일들

—

어느 날 동물들이 모여 학교를 하나 세웠다. 새로운 학교에서는 수영, 달리기, 점프, 등산, 날기 과목을 가르쳤다. 시간이 흐르고 어느덧 졸업식이 다가왔다. 동물들이 모여 졸업식에서 대표 연설을 할 학생을 뽑기로 했다. 그 동안 뛰어난 성취를 이룬 학생들 가운데서 선정하기로 했으나 마땅한 학생이 없었다.

오리는 입학할 때 수영의 일인자였다. 그런데 달리기 수업 시간에 실수로 물갈퀴가 찢어지는 바람에 전만큼 수영을 잘하지 못하게 되었다. 개는 입학 초기만 해도 달리기 선수였다. 헌데 날기 수업 시간에 덤벙대다 착지를 잘못 하는 바람에 다리를 다쳐 더 이상 잘 달릴 수 없게 되었다. 토끼는 입학할 때 점프에서 최고의 학생이었다. 그런데 등산 수업 시간에 우쭐대다 높은 곳에서 떨어지는 바람에 허리를 다치고 말았다. 졸업식에서 학생 대표로 연단에 선 학생은 장어였다. 장어는 모든 과목에서 중간 정도의 성적을 보인 학생이었다. 특별히 못하는 것도 없지만 특별히 잘하는 것도 없는 평범한 학생이었다. 결국 뛰어난 성취를 이룬 학생이 없어 장어가 대표로 연설을 하게 된 것이다.

이 우화가 말해주는 것은 무엇일까? 강점이 있어도 그것을 발전시키지 못하면 나중에는 그 강점을 잃어버릴 수 있다. 우리가 강점을 발전시키지 못하는 이유에는 여러 가지가 있다. 당장 눈앞에 보이는 약점 보완에 더 신경을 쓰다보면 강점에 투입할 시간과 노력이 부족해진다. 강점에 소홀하면 결국 이도 저도 아니게 되어 내세울 점이 없어질 수 있기 때문이다.

강점 관리 에너자이저, 강수진

강점 관리에 소홀하지 않은 대표적인 사람으로 나는 발레리나 강수진을 꼽고 싶다. 일반적으로 발레리나의 나이가 마흔일곱이면 은퇴를 해도 한참 전에 했을 나이다. 그러나 강수진은 독일 슈투트가르트 발레단 수석무용수로서 여전히 왕성한 활동을 펼치고 있다.

잘 알려진 대로 강수진은 연습 벌레다. 매일 새벽 5시면 어김없이 일어나 두 시간 동안 연습을 하고 하루를 준비한다. 발레단에 도착하면 집으로 돌아오는 시간까지 연습에 몰두한다. 연습으로 하루가 시작되고 연습으로 하루가 끝나는 셈이다. 지금까지 연습에 들인 시간을 모으면 20만 시간이 넘는다고 한다.

강수진은 말했다.

"나는 나 자신에게 바빴습니다. 나는 나 자신이 발전하는 게 너무 재미있었습니다."

"제 인생엔 늘 오늘만 있습니다. 그러니 지금 당장 최선을 다하자, 하루하루를 불태워 없애버리자. 새벽에 눈을 뜨면서 나는 이런 다짐을 합니다."

이쯤 되면 진정한 에너자이저라고 하지 않을 수 없다. 그녀가 30년이 넘는 세월을 오직 발레에만 바치며 하루도 연습을 게을리 하지 않을 수 있었던 이유는 무엇일까? 그녀는 가장 중요한 자기 자신에게 몰두했고, 자신이 가장 잘 할 수 있는 것에 집중했으며, 강점을 개발하기 위해 자신이 쓸 수 있는 모든 자원을 바쳤다. 강수진은 중요하지 않은 일이나 사소한 약점에 그 무엇도 낭비하지 않았다. 그녀는 매우 수줍은 성격이어서 어릴 때는 발레 수업의 파트너와 마주칠까 봐 고개를 숙이고 걸을 정도였다고 한다. 그러나 억지로 성격을 뜯어고치려 하는 대신 발레 연습에만 몰두했다. 나중에 그녀의 수줍은 성격은 인물을 연기하는 데 오히려 도움이 될 때가 많았다.

다른 사람이 보기에는 하루하루 발레 연습으로만 채워진 삶이 숨막히게 느껴질 수도 있다. 그러나 정작 강수진은 자신의 삶을 무척 행복하게 살고 있다. 생기로 가득한 그녀의 표정이 그걸 말해준다. 그토록 에너지가 넘치는데 왜 그렇지 않겠는가.

강수진 같은 에너자이저들이 그렇듯 에너지는 나이와 무관하다. 나의 아버지도 일흔을 훌쩍 넘긴 나이지만 채 마흔이 되지 않은 나보다 더 열정적으로 하루하루를 보내신다. 화학공학 분야의 교수로 정년퇴임한 후 과학기술 분야 석학들의 모임인 한국과학기술한림원 원장직을 지내시더니, 최근까지 대통령 과학기술 특별보좌관으로 에너제틱한 일상을 보내셨다. 교수 시절보다 더 빡빡한 스케줄이건만 아버지의 얼굴에서 피로의 기색은 좀처럼 찾기 힘들었다. 오히려 예전보다 더 의욕적으로 매사에 전심전력을 다하신다. 하루가 다르게 발전하는 과학기술의 특성상 공부도 결코 게을리 하지 않는다.

아마도 지금 하는 일이 당신의 강점을 유감없이 발휘할 수 있는 일, 최고로 잘할 수 있는 일이기 때문일 것이다. 또 대한민국 과학기술의 발전이라는 희망적인 목표를 추구하는 일을 하고 있기 때문이기도 할 것이다. 은퇴한 나이임에도 여전히 자신의 강점을 개발하며 목표를 갖고 탄력 있게 나아가는 아버지의 모습이 참 보기 좋고 자랑스럽다.

에너자이저는 설혹 최고의 자리에 올랐다 해도 결코 그것에 안주하지 않는다. 자신의 귀중한 자산인 강점을 더욱 발전시키면서 스스로 계속 성장해간다. 그럴 때 에너자이저는 인생의 행복을 느낀다.

강점으로
약점을 막아라

—

김연아가 떨지 않았다고?

평창 동계올림픽 유치를 위해 IOC 위원들 앞에서 김연아 선수가
한 연설이 화제가 된 적이 있다. 어떻게 저 많은 사람들과 카메라 앞에
서 떨지도 않고 당당하게 말을 잘할 수 있을까? 감탄이 절로 나왔다.
그런데 사실 김연아 선수는 떨고 있었다. 다만 대부분의 사람들이 그
것을 알아차리지 못했을 뿐이다.

한 스피치 전문가에 따르면, 김연아 선수의 목소리는 미세하게 떨
리고 있었다고 한다. 이전 영상을 찾아보며 다시 목소리를 들어보니
정말로 그랬다. 그런데 왜 우리는 김연아 선수가 조금도 떨지 않고 자
신감 넘치게 연설을 했다고 생각할까? 스피치 전문가는 김연아 선수
의 자세와 눈빛, 말할 때의 포즈를 자세히 관찰해보라고 했다. 그의 말

대로, 김연아 선수는 등을 꼿꼿이 세운 채 어깨를 당당히 펴고 미소를 머금은 얼굴로 연설을 했다. 청중 한 사람 한 사람과 여유 있게 눈을 맞추는 태도에서는 조금의 긴장감이나 떨림도 느껴지지 않았다.

스피치 전문가가 말하기를, 아무리 긴장하고 실제로 목소리가 떨려도 자신감 넘치는 자세로 여유로운 표정을 지으면 떨고 있다는 사실을 청중이 눈치채기 어렵다고 한다. 김연아가 했던 연설은 강점으로 약점을 상쇄할 수 있다는 사실을 보여주는 하나의 사례다. 자신감에 찬 자세와 몸짓, 여유로운 표정과 눈빛이라는 강점은 떨리는 목소리라는 약점을 덮어주어 그 약점을 눈에 띄지 않게 했다. 강점을 최대한 부각하면 약점은 잘 드러나지 않는 것이다.

두 팔이 없어도 목표를 향해

1968년 가을, 스웨덴 중남부의 한 마을에서 예쁜 여자아이가 태어났다. 산모는 산통을 완화시키기 위해 주사를 맞아 몽롱한 상태에서 무언가 잘못되었다는 것을 직감했다. 그러나 정신이 명료하지 않아 자신에게 어떤 일이 일어났는지 알 수 없었다. 그녀는 남편의 자세한 설명을 듣고 나서야 사태를 파악했다. 소중한 아기가 중증 장애를 갖고 태어난 것이다. 아기에게는 두 팔이 없었다. 불행 중 다행으로 다리는 있었지만, 왼쪽 다리 길이가 오른쪽 다리의 절반밖에 되지 않았다. 부부는 커다란 충격에 빠졌고, 혼란스러웠다.

며칠 후, 병원에서는 아기를 보호 시설에 맡기라고 권유했다. 심각한 장애를 가진 아기를 키우기가 힘들 거라고 판단했던 것이다. 그러나 부부는 고개를 저었다.

"비록 장애가 있지만 이 아이도 하나님이 주신 아이입니다. 이 아이에게도 가족이 필요해요."

부부는 아이 이름을 레나라고 짓고 사랑으로 정성껏 키웠다. 두 팔은 아예 없고 왼쪽 다리에는 의족을 차야 했지만, 가능하면 다른 사람의 도움을 받지 않고 스스로 움직일 수 있도록 자활 훈련을 시키며 격려했다. 부부와 레나의 눈물겨운 노력 끝에 결국 아이는 혼자서 옷을 입을 수 있게 되었다. 열두 살 때의 일이었다.

레나는 세 살 때 처음 수영을 배웠다. 온전한 것은 오른쪽 다리밖에 없는 아이가 할 수 있는 운동으로 수영만한 것이 없었다. 꾸준히 수영 연습을 하자 놀랍게도 실력이 늘었다. 열여덟 살 되던 해, 그녀는 세계 장애인 수영선수권 대회에 출전했다. 물속의 레나는 물고기처럼 날렵하고 유연하고 재빨랐다. 이 대회에서 레나는 금메달 두 개와 동메달 한 개를 땄다.

스웨덴 국영방송은 〈목표를 향해〉라는 다큐멘터리를 제작해 레나의 삶을 다루었다. 다큐멘터리에서 알게 된 그녀의 모습은 감동적이었다. 온전한 단 하나의 발을 사용해 능숙하게 화장을 하고 요리를 했으며 컴퓨터 자판을 두드렸다. 오른쪽 발 하나로 핸들을 돌리며 운전을 했고, 엄지 발가락과 두 번째 발가락으로 바늘을 잡아 섬세하게 십자수를 놓았다.

레나는 말했다.

"몸이 온전치 못해도 혼자 할 수 있다면 그 사람은 장애인이 아닙니다. 그러나 몸이 건강해도 혼자 할 수 없다면 그 사람은 장애인입니다. 그래서 나는 장애인이 아닙니다."

그녀는 스웨덴 사회에 큰 반향을 불러일으켰다. 장애인에 대한 사람들의 인식을 크게 바꿔놓았고, 장애를 가진 사람들뿐 아니라 장애가 없는 사람들에게까지 용기와 희망을 주었다. 레나는 별이 되었다.

이후 레나는 국가 장학금을 받고 미국으로 건너가 재즈와 가스펠을 공부했다. 국가대표 수영선수에서 가수로 다시 태어난 그녀는 여러 장의 앨범을 내고 전 세계를 순회하며 무대에 섰다. 책도 출간했다. 《해피 데이즈*Happy Days*》와 《발로 쓴 내 인생의 악보*Footnotes*》는 여러 나라에서 번역 출판되어 사람들에게 깊은 감동을 주었다. 지금은 바쁜 일정 속에서 틈틈이 그림을 그리며 화가라는 목표에 도전하고 있다.

레나의 책에는 이런 글이 나온다.

6학년 때, 학교에서 나를 돌보아주던 보조간호사는 매우 다정한 분으로, 나에게 크리스마스 선물을 주었다. 선물을 주기 전날, 그녀는 자신의 실수를 깨달았다. 반지를 사버린 것이다! 그녀는 당황하여 허둥지둥 다시 상점으로 갔고, 반지는 사슬 목걸이로 바뀌었다.

나는 이런 에피소드들이 재미있다. 다른 사람들이 이렇게 작은 실수를 하거나 당황하는 것을 보고 오히려 즐거워하는 경우도 종종 있다. 상대방을 난처하게 만들려는 게 아니라, 핸디캡이 있다는 것을 느끼지 못하거나 잊어버리고 있는 것을 즐기는 것이다.

누군가를 만나고 얼마간의 시간이 흐르면, 그 사람은 내 핸디캡에 대해 나와 똑같이 반응하기 시작한다. 그들도 내게 장애가 있다는 사실을 잊어버리는 것이다. 그런 모습을 보는 것은 유쾌한 일이다.

레나 마리아는 두 팔이 없고 한쪽 다리가 매우 짧은 장애를 가지고 있다. 혼자 옷을 입기까지 12년이라는 세월이 걸렸을 만큼 심각한 장애다. 그러나 사람들은 곧 그녀의 약점을 잊어버린다. 그녀에게 손이 없어서 장갑과 반지가 필요 없다는 사실을 알아차리는 데 꽤 시간이 걸릴 정도다. 그것은 그녀가 이제 혼자서도 못 하는 일이 거의 없으며, 오히려 몸이 건강한 사람보다 더 많은 성취를 했고, 더 에너지 넘치는 삶을 살고 있기 때문이다.

만약 레나가 장애를 이유로 혼자서는 아무것도 하지 않으려 한다면, 기운 없이 집에 틀어박혀 눈물로 세월을 보내고 있다면, 그리고 자신감을 잃고 절망에 빠져 있다면, 사람들은 신체적 장애라는 그녀의 약점만 보게 될 것이다. 그러나 그녀는 약점이 아니라 강점에 집중했고, 끊임없이 그 강점을 개발했으며, 자신의 강점을 최대한 활용했다. 그녀의 약점은 어느덧 강점에 가려 보이지 않게 되었다.

약점을 무기로 이용할 때

이처럼 강점으로 약점을 상쇄할 수도 있지만, 약점을 오히려 강점으로 활용할 수도 있다. 임수열 씨의 《살아남은 사업가의 절대 습관》에 나오는 서강욱 씨가 바로 그 예다.

2012년 어느 날, 서강욱 씨는 대선 테마주 주가조작 혐의로 고발당했다. 30대 초반의 그는 빨리 돈을 벌고 싶은 욕심에 주식 투자에 뛰어들었는데, 법을 위반하는지도 모른 채 언론사에서 나오는 호재성 기사를 '팍스넷Paxnet'에 기재하고 반복적으로 홍보한 것이다. 그는 자신이 경제사범이 되리라고는 꿈에도 생각하지 못했다. 불구속으로 재판을 받은 그는 인생이 끝난 것 같은 절망에 빠졌다. 주변의 시선도 차가웠고, 모든 계좌가 깡통이 되었으며, 가장 친한 친구가 기소되었다. 멘탈 붕괴 상태가 된 그는 하루하루가 지옥 같았다.

그러나 그는 얼마 지나지 않아 다시 일어섰다. 사람 만나기 좋아하는 장점을 살려 보험설계사가 된 것이다. 종합금융인으로 성공하겠다는 목표와 이를 이룬 다음에는 사회적 기업을 설립하겠다는 목표도 세웠다. 주식 투자에는 손도 대지 않겠다고 다짐했다. 그런데 경제사범이라는 약점이 계속 발목을 잡았다. 누가 알까 봐 심리적으로 위축되었고, 아는 사람이 그 일에 대해 말하면 변명하기 급급했다. 이때 중소기업 전문 홍보대행사 '씽크이지Thinkeasy'의 임수열 대표가 생각을 바꾸어놓았다. 임수열 씨는 이렇게 조언했다.

"약점은 무기가 될 수 있습니다. 고객들에게 새출발을 하겠다고 공개 선언하고 서강욱만의 스토리를 만들어보세요."

그는 임 대표의 조언대로 약점을 숨기는 대신 솔직하게 밝히기로 마음먹었다. 그리고 자신의 약점을 오히려 강점으로 활용하기 시작했다. 리스크 관리에 취약했던 옛날 경험을 살려 든든한 보험이라는 이미지에 진심을 담아 보험설계를 하게 된 것이다.

"저는 그 일로 인해 큰 깨달음을 얻었습니다. 저를 큰 사람으로 만들려고 하늘이 제게 그런 시련을 주셨다고 생각합니다. 결코 좌절하지 않겠습니다. 하늘의 뜻대로 더 큰 사람이 되겠습니다."

약점은 더 이상 그의 발목을 잡지 않았다. 이 일을 계기로 사람들은 그를 경제사범으로 보는 대신 어려움을 극복하고 성실히 살아가는 청년으로 인식했다. 또 어떤 어려움도 이겨내고 크게 성공할 재목으로 보았다. 약점을 강점으로 바꿈으로써 얻어낸 성취였다.

네트워크 활용으로
약점 보완을

—

사회적 네트워크를 활용하는 센스

스미스Smith, 메논Menon, 톰슨Thompson은 자신의 사회적 위치를 어떻게 인식하느냐에 따라 실직했을 때의 행동이 다르다는 연구 결과를 발표했다.[5] 자신의 사회적 네트워크가 빈약하고 다른 사람들에 대한 영향력이 없다고 생각하는 사람과, 자신이 사회적 네트워크가 풍부하고 다른 사람들에 대한 영향력이 크다고 생각하는 사람, 서로 다른 두 부류의 사람은 어려움이 닥쳤을 때 이에 대처하는 방법도 다르다는 것이다.

전자의 경우 자신의 강점에 대한 확신이 없기 때문에 자신감이 떨어지고, 저조한 성과가 나오면 스스로 무능력해서라고 생각한다. 따라서 실직 같은 난관에 부딪치면 무능력을 더 이상 드러내지 않기 위해

주위에 도움을 청하는 데 매우 소극적이 되고 때로는 뒤로 물러서기도 한다. 대신 가족이나 친구 등 몇몇 친한 사람들과 익숙한 공간 속으로 숨어버린다. 그 결과 자신이 맺고 있는 인간관계 및 사회적 네트워크로부터 받을 수 있는 도움이나 유용한 정보를 활용할 기회를 잃어버린다.

반면 후자는 어려움이 닥쳐도 자신감을 잃지 않고 난관 타개에 적극적으로 나선다. 주변 동료들이나 친구들, 선후배들로부터 정보와 조언을 구하고 도움을 이끌어낸다. 에너자이저는 당연히 후자 쪽이다. 에너자이저는 직장을 잃는 등의 곤란한 상황에서도 위축되지 않고 자신의 사회적 네트워크 내의 리소스resource들을 최대한 동원한다. 따라서 보다 빠른 속도로 난관을 이겨내고 정상 궤도로 복귀한다. 에너자이저가 사회적 네트워크를 적극적으로 활용할 수 있는 이유 중 하나는 그들이 네트워크의 중심에 자리하기 때문이다. 에너자이저는 네트워크 내의 많은 구성원들과 다양한 방식으로 연결되어 있어서 뿔뿔이 흩어져 있는 사람과 사람, 네트워크와 네트워크를 잇는 다리 역할을 해준다.

시카고에 사는 로이스 와이즈버그Lois Weisberg는 동그란 눈에 커다란 안경을 걸치고 운동화에 징이 박힌 가죽 재킷을 즐겨 입는 할머니다. 그녀의 사회적 네트워크 안에는 배우, 음악가, 작가, 변호사, 정치가, 의사, 사회운동가, 환경운동가 등 다양한 사람들이 포함되어 있다. 그녀와 이야기를 하다 보면 마치 세상 사람들 모두가 그녀와 연결되어

있는 것 같다.[6]

　로이스 와이즈버그는 그동안 참 많은 일을 해왔다. 극단을 운영하고 신문을 창간하면서 수많은 문화계 인사들과 친분을 맺었고, 이후 공익 로펌에서 일할 때는 시카고의 공원들이 방치되어 있다는 사실을 알고 환경운동가, 역사가, 시민운동가, 주부 등을 모아 '공원의 친구들 Friends of the Parks'이라는 로비 단체를 만들었다. 또 출퇴근용 기찻길 하나가 폐쇄된다는 이야기를 듣고 그 길로 출퇴근하는 시민들을 규합해 기찻길을 살려내기도 했다. 그 뒤 국회의원 선거 운동에 참여하고 시카고 시의 문화담당 위원장을 지내면서 늘 새로운 친구들을 사귀며, 자신의 네트워크를 점점 넓혀갔다. 일로 만난 사람들과도 계속 친분 관계를 유지하고, 지인들에게 다른 지인들을 소개했다. 일자리를 알아봐주거나 사람을 추천하고, 사람과 사람, 세상과 세상을 연결해주었다. 그녀가 맺은 사회적 네트워크는 시간이 갈수록 확장되었다.

　우리는 종종 '세상 참 좁다'는 생각을 한다. 처음 만난 사람이 사실 한두 다리 건너면 아는 사이일 경우도 많다. 학자들에 의하면, 전 세계의 사람들은 여섯 명만 거치면 모두 연결될 수 있다고 한다. 그런데 이렇게 연결되는 네트워크의 핵심에는 와이즈버그 같은 중심인물이 있다.

몇 다리만 건너면 모두 아는 사람

　1967년에 사회심리학자 스탠리 밀그램Stanley Milgram은 '좁은 세상'을 실제로 밝히고자 연구를 진행했다.[7] 우선 미국 네브래스카 주의 오마하에 거주하는 160명을 무작위로 뽑아 편지를 전달했다. 그리고 그 편지를 매사추세츠 주 보스턴에서 근무하는 한 주식중개인에게 전달 하도록 했다. 지인들 가운데 그를 알 법한 사람들을 거쳐 편지를 전달 하는 방식이었다. 연구자들은 100명 정도는 거쳐야 주식중개인에게 편지가 전달될 거라고 예상했다. 우리나라로 치면 서울에 사는 사람 이 제주도에 사는 생면부지의 최 아무개에게 편지를 전달하도록 하는 미션인 것이다.

뚜껑을 열어보니 놀랍게도 평균 여섯 명을 거쳐서 편지가 전달되었 다(한국은 학연, 지연, 혈연 관계가 복잡하게 얽혀 있는 더 좁은 사회다. 연세대 사 회발전연구소에서 같은 실험을 했는데, 편지가 도달되기까지 거친 사람의 수는 3.6 명이었다).[8] 그런데 더 자세히 들여다보니, 주식중개인의 집으로 도착한 24통의 편지 가운데 16통이 한 의류상이 전달한 것이었다. 나머지는 주식중개인의 사무실로 배달되었는데, 대부분 두 명의 남자가 전달한 것으로 18통이었다. 결국 오마하 주민들이 보낸 160통의 편지 중 42 통이 그 세 사람에 의해 주식중개인에게 전달되었다. 이 실험은 여섯 명만 거치면 모든 사람이 사회적 네트워크로 연결된다는 사실 이외 에 더 흥미로운 사실을 알려준다. 사회적 네트워크의 중심에는 소수 의 사람들이 있다는 것이다. 우리는 이들을 연결고리로 다른 사람들 과 연결된다.

우리의 사회적 네트워크는 항공사의 운항 노선 네트워크와 흡사하 다. 각 항공사마다 중심이 되는 허브 공항이 있어서, 비행기들은 허브까지 날아와 거기에서 다시 각기 목표 지점으로 날아간다. 사회적 네트워크에서는 중심인물들이 이 허브의 역할을 담당한다. 사람들은 사회적 네트워크의 중심에 있는 사람들에게로 모여든다. 그들은 다양하고 많은 정보를 접하는 위치에 있어 정보통으로 불리는 한편 정보에 대한 통제도 가능하다. 또한 그들이 도움을 필요로 할 때는 많은 사람들이 선뜻 도움을 주겠다고 나설 가능성이 높고, 풍부한 자원과 심리적 지지를 제공할 수도 있다.

그렇다고 해서 소셜 네트워크의 중심인물들이 반드시 중요한 직책을 맡고 있거나 커다란 일에 영향력을 행사하는 것은 아니다. 그들은 오히려 일상에서 영향력을 발휘한다. 주변 사람들에게 기회를 제공하고 새로운 아이디어와 정보를 퍼뜨리며, 각기 다른 세계나 영역, 집단에 속한 사람들을 연결해준다. 그들이 바로 에너자이저다.

에너자이저는 다양한 사람들과 친분관계를 맺고, 이들에게 정보와 도움을 제공할 뿐만 아니라, 자신도 도움을 받고 협력을 얻는다. 페이스북 같은 소셜 네트워킹 도구를 효과적으로 이용하며 다른 사람들과의 소통에 힘쓰기도 한다.

다른 사람의 힘도 내 힘처럼

에너자이저는 또한 자신의 부족한 부분을 채워줄 수 있는 누군가와 적극적으로 협력한다. 즉, 자신의 약점을 타인의 힘으로 보완하는 것이다. 앞서 설명한 임수열 씨의 경우가 그렇다. 과거 그는 사업으로 많은 돈을 벌었다. 몇 번의 사업 실패로 노숙인 생활까지 했지만, 특유의 에너지로 역경을 극복하고 큰 성공을 거두었다.

그런 그가 돈을 노린 4인조 강도에게 납치를 당한 일이 있었다. 수억 원을 강탈당한 뒤 극적으로 구출되어 생명을 구했지만, 그는 외상후 스트레스로 심각한 우울증을 얻었다. 마음을 치유하기 위해 그는 보헤미안이 되어 7년간 전 세계를 방랑하며 인생의 의미를 탐구했다.

한국으로 돌아온 그는 재기에 성공했다. 다시 영리 목적의 사업을 시작한 것은 아니지만, 자신의 강점을 최대한 발휘할 수 있는 일, 의미 있는 일을 찾았다. 사업 경험을 바탕으로 중소기업들에게 무료로 컨설팅을 해주는 일이었다.

현재 그는 리더십 강사로도 활발하게 활동 중이고 두 권의 책도 썼다. 그 중 한 권의 책에는 그가 결혼정보 회사를 운영할 당시 이야기가 나온다. 1990년대 말 결혼정보 회사를 경영하던 임수열 씨는 스토킹의 심각성을 깨닫고 동부화재와 함께 '스토킹 안심보험'이라는 상품을 개발했다. 그리고 이 보험 상품과 연계한 마케팅 방법을 고민하다가 대기업 동부화재의 힘을 빌리기로 결심했다. 당시 그는 전국에 대리점 망을 구축하면서 사업 확장을 모색하던 중이었다. 그러려면 전국적인 마케팅이 필요했는데 이는 비용이 드는 일이었다. 또 결혼정보 회사 회원들이 수도권에만 몰려 있어 지방 회원들에게 소개해줄 회원을 확보해야 했다. 이 두 가지 문제를 해결하기 위해 그는 동부화재의 도움을 이끌어내기로 마음먹었다.

우선 전국의 동부화재 보험설계사들에게 결혼정보 서비스 상품권 1만 장을 배포했다. 보험설계사들이 미혼 고객이나 미혼 자녀를 둔 고객을 만날 때 그 상품권을 선물로 사용할 수 있게 한 것이다. 그런 다음 전국 지점을 돌며 보험설계사들에게 자신의 회사에 대해 설명했다. 그래야 설계사들이 고객들에게 자신 있게 상품권을 선물할 수 있다는 생각이었다. 이 모든 일은 동부화재를 설득해 얻어낸 협조였다.

　보험설계사들은 자신이 주는 선물의 가치를 높이기 위해서 결혼정보 회사에 대해 긍정적인 이야기를 하게 되어 있었다. 이게 바로 임수열 씨가 기대했던 입소문 마케팅이었다. 상품권을 사용하려는 남녀들의 지역별 데이터를 얻을 수 있었던 건 부수적인 소득이었다.

　임수열 씨는 대기업의 힘을 빌려 작은 회사로서는 할 수 없는 일을 해냈다. "대기업이 우리 같은 작은 회사와 손을 잡겠습니까?" 하고 말리던 직원도 있었지만, 그는 자신의 사회적 네트워크 내의 리소스들을 최대한 동원했다. 그리고 자신이 필요한 것을 가진 이의 힘을 빌려 자신의 약점을 보완했다. 에너자이저는 자신의 자원을 적재적소에 가장 효율적으로 활용할 줄 아는 능력을 갖고 있기에 이 모든 일을 가능하게 만든다.

여성의 사회적 네트워크

과거에 비해 여성의 사회 진출은 증가했다. 하지만 기업의 고위 경영진 명단에서 여성을 찾아보기란 아직까지 쉽지 않다. 특히 남성 위주의 문화가 강한 것으로 알려진 이공계 분야에서는 더욱 그렇다.

2008년 〈하버드 비즈니스 리뷰*Harvard Business Review*〉에서 발간한 연구 보고서에서 의하면, 상하이 · 뉴욕 · 팔로알토 · 런던 · 모스크바 · 시드니 등에서 일하는 43개 글로벌 기업의 이공계 여성 전문 인력들의 41퍼센트가 하위 직급에 종사하고 있으며, 52퍼센트가 30대 중후반에 퇴사하는 것으로 나타났다.[9] 주 원인은 여성에게 적대적인 남성 중심의 문화였다. 여성 인력이 소수이다 보니 이들은 조직 내에서 고립되고 소외되었다. 멘토를 찾지 못한 여성도 45퍼센트에 달했고, 커리어가 정체되고 승진의 기회가 막힌 느낌을 받는다는 여성도 40퍼센트나 되었다. 이렇듯 동료들로부터 지지를 받지 못하면 자신 있게 혁신적인 프로젝트를 추진하기가 힘들어진다.

결국 문제는 여성의 사회적 네트워크다. 전통적으로 남성 중심의 문화에서는 남성들이 맺고 있는 사회적 네트워크에 여성이 진입하기가 상당히 어렵다. 때문에 중요한 정보와 조언 및 커리어 개발 기회에서 여성이 배제될 가능성이 높다. 또한 여성은 같은 여성과 경쟁할 가능성이 높은데, 대부분 하위직에 근무하는 여성들 간의 사회적 네트워크는 승진이나 커리어 개발에 도움이 되지 못했다. 경영진에 오른 여성들을 보면 정보를 얻고 승진의 도움을 받는 수단으로 남성 동료와의 네트워크를 이용하고, 심리적 지지를 받는 수단으로 여성 동료와의 네트워크를 이용하는 특징을 보인다.[10]

한편 경영학자 일라이[Ely]는 미국의 로펌에서 일하는 전문직 여성들을 연구했는데, 고위 경영진에 여성이 많고 적음은 전문직 여성들 간의 관계에 영향을 미치는 것으로 나타났다.[11] 고위 경영진에 여성이 적을수록 여성으로서의 특징이 성공에 방해가 된다고 여겼다. 따라서 자연스러운 방식으로 자신의 강점을 개발하지 못했다. 또한 상위 직급 여성을 롤 모델로 삼기보다는 경쟁 상대로 생각했으며, 여성 동료들 역시 몇 안 되는 승진과 커리어 개발 기회를 놓고 경쟁하는 상대로 보았다.

그렇다면 여성은 어떻게 사회적 네트워크를 구축해야 할까? 우선 남성들의 네트워크 안으로 들어가기를 두려워하지 말고, 여성 동료들을 경쟁 상대로 보기보다는 협력자로 인식해야 한다. 또한 여성으로서 자신의 특성을 강점으로 활용해야 한다. 여성은 남성에 비해 배려심이 깊고 공감 능력이 높으며 언어 구사 능력이 뛰어나다. 꼼꼼하고 세심한 것은 물론이다. 이런 특성들은 분명히 강점이 된다. 인간관계를 맺는 데 이런 강점을 최대한 발휘한다면 사회적 네트워크를 구축하는 데 도움이 된다.

육아와 가사 부담이 있는 기혼 여성이라면 퇴근 후보다는 점심시간을 이용해 모임을 갖는다든지 소셜 네트워크 서비스를 적극적으로 이용할 수 있다.

여성의 강점을
활용하라

—

여성 리더십 vs 남성 리더십

많은 선진 기업들이 여성 인력의 효과적인 활용을 위한 방법을 구상하고 실천에 옮기고 있다. 그런데 아직도 전반적인 사회 분위기는 여성 인력보다 남성 인력을 선호하는 듯하다. 특히 대다수의 기업에서는 고위 직급으로 올라갈수록 여성 인력이 가뭄에 콩 나듯 적어진다. 여성이 남성보다 리더의 자질이 부족해서가 아니다.

세계 유수의 경영대학에서 최고경영자들을 대상으로 리더십을 평가한 연구 결과를 보면, 대부분의 리더십 요소에서 여성 리더가 남성 리더보다 더 높은 점수를 받았다. 프랑스 명문 경영대학원 인시아드 INSEAD는 149개 나라에서 온 고위 경영진 2,816명을 대상으로 그들의 상사, 동료, 부하직원들이 평가하는 리더십을 측정했다.[11] 그 결과, 업무를 기획하고 관리하는 능력, 건설적인 피드백을 전달하는 능력, 팀을 이끌어가는 능력, 업무를 추진하는 능력, 자신과 타인의 감정을 이해하고 활용하는 감성 지능 등 많은 부분에서 여성이 남성보다 높은 평가를 받았다.

그런데 여성이 결정적으로 낮은 점수를 받은 부분이 있었다. 바로 비전을 제시하는 능력이었다. 여성 리더는 전략을 분석하고 체계적으로 이를 실행하는 등 세심하고 분석적인 면에는 강한 반면, 비전 제시 같은 거시적인 면에는 약했다. 사실 에너자이저의 중요한 특징 중 하나는 설득력 있는 비전을 제시하는 것이다. 다른 사람들에게 의욕과 열의를 불러일으키며 희망을 주는 설득력 있는 비전이야말로 중요한 에너지 원천이다. 미래에 대한 비전을 보여주고 이에 동참하도록 다른 사람들을 설득하고 영감을 주는 능력이 매우 중요한데, 여성 리더들이 높은 점수를 받은 요소들은 주로 전략에 대한 분석 능력과 체계적이고 꼼꼼한 전략 실행 방안 수립 능력 등 주로 세심함이 필요한 부분이었다.

연구자들은 2008년 미국의 민주당 대선 후보로 경합을 벌였던 버락 오바마와 힐러리 클린턴의 예를 든다. 당시 오바마는 희망을 주고 영감을 불러일으키는 연설로 유명했다. 반면 클린턴은 정책의 구체적인 실행 방안 위주로 연설을 했다. 그녀는 말로 희망을 주는 것도 중요하지만 더 중요한 것은 실행할 수 있는 역량임을 강조한 것이다.

남성 리더들은 구체적인 실행 방안이 갖춰지지 않았더라도 자신 있고 용감하게 주장을 펼치는 경향이 있다. 반면 여성 리더들은 실행 계획까지 수립되어야 자신 있게 이야기를 할 수 있다. 대처 수상은 이런 말을 했다.

"무슨 이야기든 하고 싶다면 남성에게 부탁하십시오. 그리고 무슨 일이든 성사시키고 싶다면 여성에게 부탁하십시오."

여성의 강점으로 리드하라

여성 리더들이 현재의 직위까지 오르는 데는 철저한 분석력과 치밀한 계획 수립 및 실행 능력이 중요했다. 그러나 더 높은 직위로 발돋움하기 위해서는 새로운 게임의 룰을 따라야 하고, 또 다른 종류의 스킬을 개발해야 한다. 특히 에너자이저로서 리더십을 발휘하기 위해서는 설득력 있는 비전을 제시할 수 있는 능력이 매우 중요하다. 그런데 여성 리더들의 강점 가운데 하나가 협력을 이끌어내는 능력이다. 이는 설득력 있는 비전 제시에 반드시 필요한 능력이다. 리더는 큰 틀과 거시적인 목표를 제시하고, 직원들은 자율적인 의견 교환을 거쳐 혁신적인 비전과 전략을 도출할 때 그 비전은 확실한 가능성을 갖게 된다. 여성 리더들은 다른 직원들이 비전과 전략을 수립하는 데 주도적인 역할을 하도록 참여를 유도하는 특성이 있다.

BP아모코BP Amoco의 대체에너지 파트 여성 CEO인 비비안 콕스Vivienne Cox는 한 인터뷰에서, 새로운 비전과 전략은 대부분 리더와 팀원들이 공동으로 창출한다고 응답했다. 콕스는 우선 자신이 큰 틀과 거시적인 목표를 제시하고, 그 다음 단계에서 팀원들이 자율적인 상호 작용과 의견 교환 과정을 거쳐 혁신적인 비전과 전략을 도출할 수 있도록 지원해주는 역할을 한다. 콕스는 자신의 역할을 '촉매제'라고 정의하고 있다. 리더는 변화를 끌고 가기보다는 후배 직원들이 잠재력을 발휘하고 자율적으로 변화를 이룰 수 있도록 장려하고 지원하는 역할을 해야 한다는 것이 그녀의 철학이다. 어쩌면 이러한 촉매제로서의 역할 때문에 여성 리더들의 비전 제시 능력이 과소평가되는 것일 수도 있다.

또 다른 걸림돌은 사회적인 통념이나 선입견이다. 팀원들의 참여를 이끌고 지원해주는 리더가 남성일 때는 팀원을 배려하고 포용하는 능력으로 평가되는 데 반해, 여성 리더일 때는 자신감이나 역량이 부족한 탓이라고 평가되는 경우가 많다.

여러 가지 불공정한 면이 존재하지만, 어쨌거나 여성 인력들이 보이지 않는 승진의 벽(유리 천정glass ceiling)을 넘어서 리더로서 활약하기 위해서는 설득력 있는 비전을 제시하고 그 실행에 사람들을 동참시키고 에너지를 불어넣는 전달 능력이 필수적이다. 팀원들 간의 조화와 협력을 이끌어내고 직원들이 자율성과 잠재력을 발휘하도록 장려하는 능력은 여성 리더들의 명백한 강점이며, 이는 에너자이저의 중요한 특징이다. 여성 리더들이 이러한 강점을 살리고 비전 제시와 함께 실행을 위한 에너지를 북돋을 수 있다면 정말 멋진 리더, 에너지를 불어넣는 리더가 될 수 있을 것이다.

5장
—

에너자이저의 특징 4
_신바람 리더십

**에너자이저는
사람을 이끈다**

ENERGIZER

직원, 고객, 주주 중에서 누가 가장 중요한가? 나에게 이것은 처음부터
문제가 되지 않았다. 직원이 첫째이기 때문이다. 직원이 행복하고,
만족하며, 헌신적이고, 에너지가 충만하면 고객에게 서비스를 잘 하게
된다. 고객이 행복하면 그들은 다시 온다. 그러면 그것이 주주도
행복하게 만든다. _ 허브 캘러허(사우스웨스트 항공 전 회장)

타인의 강점을
활용하는 센스

—

에너자이저는 자신의 강점에 집중할 뿐만 아니라, 다른 사람을 대할 때도 그 사람의 강점에 초점을 둔다. 에너자이저는 직원들이 강점을 발휘해 최고의 역량을 이끌어내도록 돕는다. 직원 각자가 스스로의 강점을 파악하고 개발하며 활용할 수 있도록 도와주는 능력은 관리자의 중요한 소양이다.

그렇다면 구체적으로 어떻게 해야 할까?

첫째, 우선 직원들의 강점을 파악해야 한다. 누군가가 탁월한 성과를 냈을 때 이를 무심히 보아 넘겨서는 안 된다. '저 사람은 원래 잘하니까'라고 생각하면서 그 사람이 낸 결과를 당연한 것으로 여기기보다는, 그 사람의 어떤 점이 탁월한 성과를 내게 했는지 살펴보고 그 강점에 주목해야 한다.

둘째, 자신이 파악한 강점을 바탕으로 직원들이 스스로의 강점을 파악하도록 도와준다. 직원 스스로 최고의 역량을 발휘하는 때가 언제인지를 알도록 하기 위해 꾸준히 그를 관찰하고 주시한다.

셋째, 직원들의 강점에 대해 풍부한 피드백을 준다.

넷째, 직원들이 가지고 있는 강점을 어느 곳에 어떻게 활용할 때 가장 빛을 발할 수 있을지 함께 고민하고 구상한다.

위의 방법들 중 강점에 대한 피드백을 해주는 것은 특히 중요하다. 앞에서도 살펴보았듯이 다른 사람을 통해 자신의 장점을 알면 신선한 충격과 자극을 받는다. 자신의 잠재력과 가능성에 대해 다시금 생각하고, 사람들이 기대하는 강점을 더욱 개발하려 노력한다.

실시간 피드백의 효과
에너자이저는 또한 직원들의 성과에 대해 정기적으로 정확하고 건설적인 피드백을 한다. 자신의 성과에 대해 정확하게 알 때, 우리는 더욱 성과를 높이고 능력을 기르기 위해 노력한다.

홀푸드마켓Whole Foods Market의 경우, 모든 매장의 모든 팀 매출 실적이

매주 공개된다. 각 팀은 자신의 매장뿐만 아니라 다른 매장의 팀들과도 실적을 비교할 수 있다. 이는 더 자율적이고 활력 있는 경쟁을 불러일으키는 효과를 준다. 또한 이 회사는 말단 직원부터 최고 경영자까지 전 직원의 연봉이 적힌 샐러리 북salary book을 공개하는 것으로 유명하다. 성과에 대한 피드백인 동시에 연봉 책정 기준과 과정이 공정하고 투명하게 이루어지고 있다는 자신감의 표명이기도 하다. 이는 회사의 정책과 절차를 신뢰할 수 있도록 하는 중요한 메커니즘machanism이다.

미국의 성공적인 레스토랑 징거맨Zingerman's의 직원들(최고위 직원부터 말단의 운전기사까지)은 고객만족도부터 설거지통의 지저분한 컵의 개수까지 회사 운영에 관한 모든 정보를 실시간으로 피드백 받는다. 이러한 과정을 통해 직원들은 자신이 기계의 부속품 같은 존재가 아니라 회사의 운영 상황을 알고 이에 대응해 업무를 수행하는 능동적이고 자율적인 존재임을 확인하게 된다. 이 같은 경영 방식이 징거맨을 '올해 최고의 식품업체', '세계 유명 음식점 25곳', '푸른 리본상' 등 각종 타이틀을 석권하며 좋은 평판을 얻게 만든 이유가 되고 있다.[1]

아메리칸 익스프레스American Express 역시 직원들에게 지속적인 피드백을 제공해 업무 성과를 높인다. 예를 들면 고객 상담원 브레스머는 업무 초기에 저조한 고객만족도 점수를 받았다. 그러나 그는 지속적인 피드백과 상사 및 동료들의 애정 어린 코칭을 통해 고객 상담 방식을 바꿔야겠다고 결심했다. 그리고 노력한 결과 최우수 고객 상담원

순위에 진입했다.

　에너자이저는 자신뿐만 아니라 타인이 강점을 발휘하도록 이끌며, 이를 위해 긍정적이고 건설적인 피드백을 적극적으로 사용한다.

실패설정 증후군

만일 자신의 업무 성과가 그다지 좋지 않다면, 혹시 강점과 역량을 잘 발휘할 수 있는 일을 맡지 못한 것은 아닐까 의심해봐야 한다. 상사들 중에는 부하직원이 역량을 발휘하기 어려운 업무를 맡겨놓고 도움을 주기는커녕 감시, 감독만 하는 사람들도 있다. 이런 상사들을 가리켜 실패설정 증후군set-up-to-fail syndrome 상사라고 한다. 이들은 부하직원이 실패할 수밖에 없는 상황과 조건을 만들어놓고 감시, 나무라기만 한다. 이럴 경우 부하직원들은 자신감을 잃기 쉽고, 상사가 자신을 불신하고 있다고 느껴 업무를 수행할 때 불안감과 초조함을 느낀다. 베테랑 상사들도 종종 이런 실수를 저지르는데, 실패설정 증후군을 예방하기 위한 방법으로 만조니Manzoni와 바르수Barsoux는 다음의 5단계 접근 방식을 제시한다.[2]

1단계: 문제점을 논의하기 위한 미팅을 한다. 가급적이면 회사 밖으로 나가 편안한 분위기에서 미팅 하고, 일방적인 비난과 질책을 위한 시간이 아님을 명확하게 밝힌다.

2단계: 상사와 부하직원 쌍방이 서로의 문제점에 대해 동의한다.

3단계: 부하직원의 저조한 업무 성과에 대해 그 원인이 상사에게 있지는 않은지 논의한다. 상사가 스스로 본인의 행동과 태도가 부하직원의 업무 수행에 부정적인 영향을 미쳤는지 묻는다.

4단계: 상사와 부하직원의 합의 하에 새로운 성과 목표를 설정한다. 저성과의 원인으로 파악된 문제점을 목표 달성 과정에서 어떻게 처리하고 해결할지 계획한다.

5단계: 상사와 부하직원이 앞으로 상호 간에 좀 더 개방적으로 의사소통을 하기로 합의한다.

ENERGIZER

에너자이저는
열망을 심어준다

–

"내 직원은 이런 사람"

외부 미팅을 다녀와야 할 때, 막 출발하려는데 상사가 당신을 붙들고 다짜고짜 말한다. "김 대리, 그 사람 만나면 이러이러한 얘기를 꺼내서 먼저 기선을 제압해야 해. 그리고 이러이러한 사항은 꼭 동의를 받아와야 한다고. 비용은 이 금액 내에서 사용하고, 돌아오면 바로 보고서 작성해. 언제 돌아올 거야?" 이렇듯 미팅에서 달성해야 할 목표와 그 과정을 시시콜콜 지시하는 상사가 있다.

반면 "김 대리 생각을 얘기해서 잘 합의하고 와" 정도의 간단한 말로 산뜻하게 당신을 배웅하는 상사가 있다. 후자의 경우, 당신은 미팅을 성공적으로 마쳐야겠다는 의욕이 생길 것이다. '어떻게 하면 순조롭게 이야기를 풀어나갈 수 있을까?', '어떤 제안을 해야 상대방이 긍정적으로 반응할까?' 등등 자유롭게 미팅 전략을 수립할 수 있고, 당신이 자율적으로 세운 전략이므로 상사가 일방적으로 지시했을 때보다 더 큰 책임감을 느낄 것이다.

생텍쥐페리는 이렇게 말했다.

"배를 만들고 싶으면 사람들에게 숲으로 가서 나무를 모으고 톱으로 잘라 나무판자에 못을 박으라고 종용하지 마라. 대신 사람들이 바다에 열망을 가지도록 만들라."

이것이 임파워먼트empowerment의 핵심이다. 임파워먼트란 자발적인 동기에서 자율적으로 일할 때의 상태를 의미한다. 자율적으로 일할 때 우리는 그렇지 않을 때보다 훨씬 더 많은 에너지를 느낀다. 심리학자 셸던Sheldon과 라이언Ryan, 레이스Reis는 자발적인 동기가 에너지 수준에 미치는 영향을 연구했다.3 미국 로체스터 대학Rochester University의 심리학 수강생 60명에게 2주에 걸쳐 일기를 적게 하고 이를 분석한 결과, 학생들은 자율성이 높은 일을 한 날일수록 더 큰 에너지를 느꼈다.

외부 미팅이나 워크숍, 학회 등에 참석했을 때, 자기를 내세우고 광고하기에 급급해 동행한 직원을 소외시키는 상사들이 꽤 있다. 이 같은 경험을 한 직원은 다음부터 워크숍이나 외부 미팅이 있을 때 그 상사를 따라 나서려는 의욕이 사라질 것이다. 그렇다면 에너자이저는 어떻게 할까?

에너자이저는 자신을 알리는 기회에도 집중하지만, 이와 동시에 동행한 직원을 고객이나 전문가 집단에게 알리는 일도 소홀히 하지 않는다. "우리 부서에서 매우 중요한 일을 담당하고 있는 후배"라는 말이나, 좋은 평가를 담은 소개로 동행 직원이 자긍심을 갖게 만든다. 다른 사람들에게 직접 소개할 정도로 상사가 자신의 능력과 노력을 인정해 준다는 생각은 일에 대한 의욕을 불러일으킨다. 또 상사가 자신의 커리어에도 신경을 쓰고 있다는 생각에 더욱 그 상사를 신뢰하게 되고, 그 상사와 함께하는 업무에 더 적극적인 자세로 임하게 된다.

나의 롤 모델인 더튼 교수와 함께 미국 경영학회에 동행했던 때가 기억난다. 그는 아는 사람을 만날 때마다 먼저 안부를 묻고 그 다음엔 반드시 나를 소개했다. "감정에 관한 연구에 푹 빠진 학생"이라는 매우 인상적인 멘트로 사람들이 나를 기억할 수 있도록 했다. 평소 나에게 세심히 신경을 써주는 것만으로도 감사했는데, 내 이름뿐 아니라 나의 연구 관심사를 한 마디로 상대방에게 각인시켜주는데 무척 감동을 받았다.

다음 번 학회에 갔을 때도 나는 즐거운 마음으로 참석했고, 에너지를 얻고 돌아왔다. 나를 '감정에 대해 연구하는 사람'으로 기억하고 있는 사람들을 만났기 때문이다. 학생 한 명 한 명에게 관심을 기울이고 다른 이들에게도 자랑스럽게 소개해주는 더튼 교수에게 또 한 번 감사한 마음이 들었다. 교수님을 실망시키지 말아야겠다, 기대에 부응해야겠다는 책임감으로 그와 함께 하는 연구에 더욱 몰두하게 된 것은 당연한 결과다.

현장 직원에게 자율권을

미국 기업 가운데 가장 일하기 좋은 직장 5위 안에 꾸준히 드는 사우스웨스트Southwest 항공은 직원들의 자율성을 존중해주는 대표적인 기업이다. 이를테면 공항 게이트에서 한 탑승객이 애완동물을 잃어버렸다며 도움을 요청하면, 다른 항공사 직원은 근무지를 이탈해야 하기 때문에 상사에게 허락을 받고 움직이려 한다. 그러나 사우스웨스트 직원은 스스로의 결정으로 고객의 애완동물을 찾으러 나선다. 사우스웨스트는 이처럼 현장에 있는 직원의 권한을 존중하고, 고객을 위한 최상의 서비스를 스스로 판단해 결정하도록 한다.

미국의 유기농 식품 매장 홀푸드마켓Whole Foods Market은 자율적으로 운영하는 팀self-managing team 체제로 유명하다. 예를 들어 유제품 팀은 치즈 제품의 마케팅 전략을 수립하고, 공급자를 직접 선정해 관리하며, 팀원을 직접 채용한다. 채용 후보는 한 달 정도 함께 일하고, 그런 다음 나머지 팀원들이 만장일치로 동의해야 정식으로 채용된다. 대부분의 의사결정이 자율적으로 이루어지는 상황에서 팀원들 간의 화합은 매우 중요하다. 따라서 새로운 팀원을 채용할 때 신중할 수밖에 없다. 각 팀들이 하나의 사업체를 경영하는 방식이기 때문에, 팀 간의 매출 경쟁도 활발할 뿐만 아니라 팀원들이 자율성을 가지고 의욕적으로 일한다.

아메리칸 익스프레스 역시 고객 상담원들에게 자율성을 부여한다. 정해진 각본에 따라 상담하라든지, 고객 1인당 상담 시간을 최소화하라든지 하는 요구를 하지 않는다. 아메리칸 익스프레스는 상담원들이 고객들과 깊이 있는 대화를 나누고 이를 통해 최적의 상품을 자율적으로 제안할 것을 기대한다. 이는 자기 사람들을 믿고 존중하지 않고서는 가질 수 없는 태도다. 에너자이저는 지위의 높고 낮음이나 나이, 성별, 능력에 관계없이 다른 사람들을 존중하며, 모든 사람은 제각기 강점을 지니고 있다는 사실을 잊지 않는다.

직원들이 자발적으로 창조적 역량을 발휘하지 못하는 가장 큰 이유는 상사들의 독단과 독선일 경우가 많다. 독단적이고 독선적인 사람은 다른 사람들이 능동적으로 참여할 수 있는 기회를 주지 않기 때문에, 사람들이 일에 몰입하고 기여하고 싶은 욕구를 막는다. 직원들의 일거수일투족에 사사건건 간섭하는 것은 디에너자이저의 특징이다. 상사의 독단은 부하직원들의 의욕과 에너지 레벨을 떨어뜨리고 직원들의 업무 학습에도 부정적인 영향을 미칠 수 있다. 직원들 사이에서 자유롭게 의견 교환이 일어날 때 업무를 통한 학습 효과가 증진된다. 독단적이고 독선적인 상사는 직원들의 의견을 무시하고 자신의 생각이나 방식만을 강요해 직원들의 학습은커녕 무기력감만 증가시키는 결과를 가져오기 쉽다.

권력 욕구나 성취 욕구가 큰 사람일수록 독단적인 모습을 보이기 쉽다. 권력 욕구가 큰 사람은 자신의 힘을 과시하고 싶어 하고, 권력을 행사해 다른 사람에게 영향을 미치고 싶어 하는 경향이 있다. 성취 욕구가 강한 사람은 자신의 업적과 성취에 대한 기대 때문에 부하직원의 역량을 존중하지 않고 자신이 업무의 처음부터 끝까지 통제해야 한다고 생각한다. 때로는 자신감이 부족한 상사가 오히려 더 독단적인 모습을 보이기도 한다. 그래야 리더로서 자신의 입지를 공고히 할 수 있다고 잘못된 판단을 내리는 것이다. 독단, 독선적인 상사는 자신의 의견이 논리적으로 반박당하면 체면이 깎이고 자신의 영향력이 감소한다고 생각해 더욱 방어적인 태도를 취한다. 하지만 부하직원들이 원하는 상사의 모습은 그와는 정반대다. 자신의 의견과 다를지라도 건설적인 비판을 열린 마음으로 경청하고, 부하직원들의 피드백을 적절히 반영하는 상사야말로 진정한 존경을 받을 수 있다.

불완전한 리더incomplete leader라는 개념이 있다.4 이는 무능한 리더 incompetent leader와는 완전히 다른 개념이다. 불완전한 리더는 자신의 강점과 약점을 모두 알고, 강점을 최대한 발휘하면서 동시에 약점이 드러났을 경우 이를 흔쾌히 인정하고 보완하려고 노력하는 리더다. 부하직원들의 의견과 비판을 존중하고 서로 신뢰할 수 있는 진솔한 관계를 구축하며, 자신의 약점을 보완해줄 조력자 네트워크를 만든다. 이 세상에 완벽한 리더, 완벽한 상사는 존재하지 않는다. 오히려 자신을 완벽한 리더, 완벽한 상사라고 믿기 시작할 때부터 자신과 부하직원들에게 피해를 끼치게 된다.

에너자이저처럼 몰입과 열정을
이끌어내는 방법

크로스는 결정적인 포지션에 있는 사람이 디에너자이저일 경우, 어떻게 해야 부하직원들의 몰입과 열정을 이끌어낼 수 있을지에 대해 여섯 가지 방법을 제안하고 있다.[5]

1. 입을 무겁게 해라

누군가가 새로운 아이디어를 이야기할 때, 그 즉시 아이디어에 대해 비판해서는 안 된다. 아이디어에 대해 좀 더 설명하도록 시간을 주고, 그 아이디어를 어떻게 살려서 발전시킬지 방법을 강구 한다.

2. 사람에 대해 비판하지 말고 이슈에 대해 비판하라

제시된 아이디어에 반대되는 의견을 이야기할 때, 그 아이디어 자체에 초점을 둔다. 아이디어를 제시한 사람을 공격하는 것으로 들리지 않도록 주의해야 한다.

3. 진심으로 칭찬하라

자기 사람이라고 해서 근거 없는 칭찬을 한다든지 아부성 칭찬을 하는 것은 누가 들어도 진정성이 없다. 진심으로 칭찬할 만한 요소를 찾아서 칭찬하

라. 사람들에게 지속적으로 관심을 가지고 관찰하는 것이 진심 어린 칭찬의 필수요소다.

4. 문제 해결의 노하우가 있을 때 동참하라

문제에 대한 해결책을 제시할 수 있거나, 해결책에 도달할 접근 방법을 알고 있을 때만 문제점을 지적한다.

5. "좋습니다. 그런데 어떻게 하면 될까요?"를 첫 대답으로 하라

새로운 아이디어에 대해 건설적인 비판을 하되 개방적인 자세를 유지해야 한다. 새로운 아이디어가 성공할 수 있다는 전제 하에 토론을 시작하고, 그 아이디어를 현실화하려면 무엇이 필요한지 탐색한다.

6. 악수하라

아마 지금까지 제시된 방법 중 가장 행동으로 옮기기 쉬운 방법일 것이다. 연구 결과에 의하면 놀랍게도 악수를 하느냐 하지 않느냐에 따라 인간관계에 큰 차이를 가져온다고 한다. 상당히 공식적으로 느껴지는 행동임에도 상대방은 악수하고 난 뒤 더 큰 친밀감을 느낀다고 한다.

ENERGIZER

신바람 일터의 에너지

_

이상적인 일터는?

에너자이저는 사람들에게 에너지를 전파하며 신바람 나는 일터를 만든다. 당신은 일터를 신바람 나게 만드는 사람인가, 아니면 그 반대의 사람인가? 또 당신의 일터는 에너지가 넘치고 신바람 나게 일할 수 있는 곳인가, 아니면 기운이 빠지는 곳인가?

일터는 다음의 네 가지 유형으로 나눌 수 있다.[6] 당신의 일터는 어떤 유형에 속하는가?

● **편안한 일터**

활기가 느껴지지 않고 조용하다. 현 상태에 만족하는 분위기로, 분쟁의 소지가 있는 일은 피하고 한결같은 속도로 일한다. 탁월한 실적을 내지

189
5장 에너자이저는 사람을 이끈다

는 않지만 평균 정도의 성과는 낸다. 큰 변화 없는 경영 환경에서 안정적인 수익을 내온 기업이 이에 해당한다. 이 경우는 '관성의 덫inertia trap'에 갇히기 쉽다. 조직의 전략, 구조, 문화 등이 고착화되어 변화를 꾀하기 쉽지 않기 때문에, 변화를 추구해야 하는 상황이 발생하면 고전을 면키 어렵다.

● **체념적인 일터**

구성원들이 자주 무기력함을 느끼고 업무 목표에 별반 관심이 없다. 실망과 좌절감 등 부정적인 감정이 지배적이다 보니, 사람들 간의 관계에도 갈등과 충돌이 잦아 시간과 감정을 낭비하는 경우가 많다. 상부 경영진 간에 자신의 이익과 권력을 위해 갈등을 빚는 경우도 생긴다. 이를 가리켜 '부패의 덫corrosion trap'이라고 부른다. 이들의 싸움은 나머지 직원들의 열정과 의욕까지 꺾는 심각한 결과를 초래할 수 있다.

● **공격적인 일터**

업무 목표를 달성하는 데 초점을 두고, 서로 경쟁하다 보니 긴장된 분위기가 팽배하다. '이긴 것만으로는 부족하다. 나머지가 모두 실패해야 만족한다'는 식이다. 개인별 인센티브 제도가 활발하고, 공격적인 성향의 사람들이 많이 모여 있다. 다른 회사의 고객을 빼앗아 와야 직성이 풀리는 분위기다. 그러나 너무 지나치게 밀어붙이다 보면 사람들이 탈진해버릴 수도 있다. 이를 '가속의 덫acceleration trap'이라고 부르는데, 지속적인 경쟁과 압박감에 시달리다 보면 스트레스 수준이 계속 높아져 예전의 성과를 도출하는 데도 힘이 부친다. 고갈된 에너지를 채우기도 전에 에너지를 쓰기만 한다면 언젠가는 에너지 창고가 바닥나버리기 마련이다.

● **열정적인 일터**

에너지가 넘치는 일터다. 직원들은 업무 목표를 달성하기 위해 즐겁게 일하며, 자긍심을 느낀다. 이겨야만 하는 상대를 정해놓고 전투적으로 업무에 임하는 공격적인 일터와 달리, 공동의 비전을 목표로 사람들의 열정을 모은다.

물론 열정적인 일터가 가장 이상적이다. 만약 당신의 일터를 이상적으로 만들고 싶다면 연구자들이 알아낸 세 가지 요소를 적용할 수 있다. 크로스와 린더Linder, 파커Parker는 미국의 15개 기업을 조사해 에너자이저들이 신바람 나는 일터를 만들기 위해 중요시하는 요소들을 찾아냈다.[7] 재미, 유머, 신뢰가 그것이다.

펀fun 경영이 주목받는 이유

미드웨스트 병원 청구서 발송과는 일상적인 업무와 재미가 교묘하게 섞여 있어, 업무 중 자연스럽게 재미있는 일들이 벌어진다. 한번은 병원 창문에서 내려다보이는 위치에서 일주일간 영화 촬영이 있었다. 청구서 발송과 직원들은 창문에 글자를 써 붙이는 방법으로 배우 및 스태프들과 재미있게 대화를 주고받았다. 비록 성사되지는 못했지만 병원 식당에서 함께 아침식사를 하자고 초대하기도 했다. 이처럼 재미있는 일들을 통해 직원들은 기분 전환을 꾀하고, 다른 부서원들과 이 일에 대해 이야기하면서 사람들과의 관계를 더 활기 넘치게 만들었다.

이 부서에서는 또 물총 싸움이 자주 일어난다. 직장에서 물총을 쏘며 논다니 무척 이상하게 느껴지지만, 이 부서에서는 잠깐 휴식이 필요하다든지 지나치게 업무가 많고 스트레스가 쌓인다고 생각되면 자연스럽게 물총 싸움을 시작한다. 물론 물에 젖기 싫은 직원은 책상에 우산을 펴두면 된다. 깔깔거리며 물총 싸움을 하는 자체도 재미있지만, 누가 언제 물총 싸움을 시작할지 모른다는 데 큰 즐거움이 있다. 이 놀이는 이 부서의 에너지 수준을 높이는 데 톡톡히 기여하고 있다.

재미를 추구하는 기업으로는 사우스웨스트 항공을 빼놓을 수 없다. 사우스웨스트 항공은 재미있는 조직 문화로 유명하다. 직원이 행복해야 고객이 행복하다는 창업자 허브 켈러허의 경영철학을 바탕으로 발전해온 문화다. 켈러허는 '미국에서 가장 웃기는 경영자'로 불릴 만큼 재미를 중시했다. 그는 창립기념일 행사에 엘비스 프레슬리의 복장으로 등장하고, 토끼로 분장해 출근하는 등 종종 직원들을 웃겼다. 일요일 새벽 3시, 도넛을 들고 청소부 휴게실에 나타나서는 작업복을 입고 비행기 청소에 나서 직원들을 깜짝 놀라게 하기도 했다.

회사 로고 문제로 다른 회사와 분쟁이 발생했을 때는 팔씨름으로 해결하기도 했다. 켈러허는 최고 경영자끼리 팔씨름을 해서 이긴 쪽이 로고의 소유권을 가져가고, 진 쪽은 사회에 기부를 하자고 제안했다. 마침내 두 최고 경영자는 권투 경기장의 링 위에 올라가 팔씨름을 벌였다. 시합은 켈러허의 패배로 끝났지만 상대방은 로고를 공동 소유하자고 제안했고, 사우스웨스트 항공은 약속대로 1만 5천 달러를 사회에 기부했다. 심각할 수 있는 기업 간 분쟁을 통념을 뛰어넘는 재미있는 방식으로 순조롭게 풀어나간 것이다.

이렇듯 켈러허는 사고의 틀을 전환해 직원들에게 통쾌한 에너지를 경험하게 했다. 이런 문화는 사우스웨스트 항공의 문화 전반에 퍼져 있다. 승무원들은 기내 안전수칙을 랩으로 불러 안내하고, 할로윈 데이가 되면 요란한 분장으로 비행기에 올라 즐거운 분위기를 연출한다. 기내에 이런 방송이 나올 때도 있다.

"승객 여러분, 솔직히 말씀드리겠습니다. 저희는 다들 정말 피곤합니다. 평소 같으면 지금부터 땅콩이랑 크래커를 나눠드리겠다고 하겠지만, 우린 정말 피곤합니다. 그래서 땅콩을 나눠드리는 대신 앞쪽에 쌓아놓을 겁니다. 비행기가 이륙하면 통로를 따라 미끄러져 내려갈 테니 땅콩을 잡아 드시면 됩니다."

승객들은 웃지 않을 수 없었다. 정말 몇 분 후에 유쾌한 소란이 벌어졌다. 승무원들이 통로에 땅콩 봉지를 쌓아놓았고, 비행기가 이륙하자 땅콩 봉지들이 미끄러지기 시작한 것이다. 답답하고 지루할 수 있는 비행기 안에서 즐거운 비명이 터져나오는 순간이었다.

한 네트워킹 서비스 회사에서도 에너자이저 리더를 통해 직장 내 에너지 수준이 높아지는 현상을 엿볼 수 있다. 이 회사는 1년 365일 24시간 내내, 네트워크에 문제가 생기면 고객에게 30분 안에 응답해 솔루션을 제시하는 서비스를 제공하고 있다. 업무를 담당하는 엔지니어들의 에너지 수준을 높이고자, 중간관리자인 드류 펠프스는 맥주 게임을 고안해냈다. 담당 엔지니어가 5분 내에 응답하면 맥주 여섯 팩을 받고, 15분 내에 응답하면 맥주 한 병을 받는다. 30분 내로 응답하면 맥주를 주지 않고, 30분이 지나면 펠프스에게 맥주 여섯 팩을 선물해야 한다. 그 결과, 평균 응답 시간은 36. 6분에서 20분 이내로 단축되었다. 압박감과 부담감을 주기 십상인 성과 평가 및 인센티브 시스템을 재미있는 게임 방식으로 바꿔 의욕적으로 즐겁게 일할 수 있도록 한 것이다. 이렇듯 재미와 유머는 우리의 에너지 수준을 높인다. 지금 '펀 경영'이 주목받는 이유다.

에너자이저는 재미와 유머를 자주 활용한다. 어떻게 하면 더 재미있게 일할 수 있을지 생각하고 일터에 즐거움의 요소를 도입한다. 에너자이저는 유머로 긴장을 이완했다가 다시 대화나 일에 집중하는 기술도 종종 사용한다. 회의를 진행할 때 토의 내용이 너무 딱딱하거나 참가자들 간의 관계가 경직될 때면 유머로 긴장감을 풀고, 늘 재미를 잃지 않기 위해 노력한다. 에너자이저는 자신만의 방식으로 유머를 만드는 사람이다.

성과 높은 팀의 말하기 방식

펜틀랜드[Pentland]의 연구에 의하면, 에너지가 있고 성과가 좋은 팀의 특징은 다음과 같다.[8]

- 팀원들 모두가 동등한 정도로 말하고 듣는다. 이야기는 너무 길지 않게, 요점만 간단히 말하며 긍정적인 표현을 쓴다: 팀원 모두가 대등하게 참여하지 않고 일부 팀원들만 논의를 주도하는 경우 팀 내 에너지 수준이 저하된다.

- 팀원들이 서로를 바라보며 이야기하고, 대화나 몸짓에서 에너지가 느껴진다: 서로를 직접 바라보고 이야기하는 방식이 에너지를 전달하는 최고의 방식이다. 전화는 대면 방식보다는 훨씬 못하지만, 이메일이나 문자 메시지보다는 에너지를 전달하기에 낫다.

- 팀원들이 팀장하고만 이야기를 나누는 것이 아니라, 팀원들 간에 직접적인 의사소통이 이루어진다.

- 공식적인 회의나 미팅 이외에도 팀원들 간에 사적인 대화가 이루어지고 휴식 시간을 함께 보낸다: 언뜻 생각하면 사적인 대화가 업무에 방해가 될 것

같지만, 간단한 대화는 오히려 일의 능률을 높이고 팀원들 간의 유대관계를 강화해서 팀 전체의 활력 수준을 높이는 데 기여한다. 신기하게도 거창한 회식 자리를 마련했을 때보다 평소 점심 도시락을 먹는 때, 큰 식탁을 설치해서 여러 사람이 함께 모여 식사할 수 있도록 했을 때, 팀의 에너지 레벨이 훨씬 높아졌다는 연구 결과도 있다.

• 종종 다른 팀의 팀원들과 교류하면서 새로운 정보를 가져온다: 팀원들이 얼마나 똑똑한가보다는, 팀원들 간에 얼마나 의사소통이 원활하게 일어나고 다른 팀과의 교류가 활발한지가 팀의 성패를 판가름 짓는다.
에너자이저의 의사소통 방식은 활용해볼 만한 아이디어를 얻게 한다. 에너자이저는 주변 사람들과 적극적으로 상호작용을 하는데, 대화를 길게 하지는 않지만 에너지 수준이 높은 내용이 주를 이룬다. 발언 시간의 배분도 상당히 민주적이어서, 회의 시간에도 참가자들이 모두 대등한 발언 기회와 시간을 얻을 수 있도록 한다. 일상적인 대화에서도 특정한 사람하고만 대화하지 않고 모든 동료들과 고르게 대화를 나누는 모습을 보인다.
에너자이저는 상대방에게 다가가는 것을 매우 편하게 생각하는 경향이 있고, 자신의 의견을 말하기보다는 상대방의 이야기를 경청하려고 한다. 특히 상대방이 이야기할 때 온전히 몰입해서 듣는 특성이 있다. 활력이 느껴지면서도 고도로 집중하는 경청 방식 energized but focused listening 이다.

나의 대화 방식이 에너자이저의 방식과 얼마나 일치하는지, 아래의 질문들을 읽고 생각해본다.

- 혹시 동료의 말을 중간에 끊거나 무시하지는 않는가?
- 회의나 미팅 중에 토론을 지나치게 주도하려고 하지 않는가?
- 동료들과 직접 대면하고 사적, 공적으로 대화를 자주 나누는가?
- 동료들과 의사소통을 할 때 이메일이나 문자 메시지를 보내는 방식에만 의존하는 것은 아닌가?
- 말을 너무 장황하게 하지는 않는가?
- 회의나 미팅 시간에 너무 소극적으로 임하는 것은 아닌가?
- 회의나 미팅에 적극적으로 참여하고 다른 사람에게도 대등한 발언권을 주는가?

ENERGIZER

신뢰는
곧 에너지다

—

실수를 공개하고 공유하기

에너지가 넘치는 팀일수록 혁신적인 아이디어를 많이 도출해서 성
공적인 결과를 만들어낸다.[9] 구성원들 간에 신뢰가 형성되어 있기 때
문이다. 연구 결과 에너지를 주고받는 관계와 신뢰를 주고받는 관계
는 거의 완벽하게 일치했다. 즉, 서로 신뢰 관계가 형성되어 있을 때
조직 구성원들은 에너지를 느끼고 자신의 강점을 발휘하며 자신 있게
일할 수 있다.

혁신적인 아이디어는 새로운 만큼 실패 가능성도 크다. 희한하고
기발한 아이디어를 내도 비난받고 질책당하지 않을 것이라는 믿음이
없다면 혁신은 불가능하다. 혁신적인 아이디어들이 쌓이고 건설적인
피드백이 오갈 때 우리는 활력 있게 일할 수 있다. 세계적인 디자인 회

사 아이데오^{IDEO}의 브레인스토밍 미팅을 관찰하면, 팀원들이 주저 없이 기발한 아이디어를 제시하는 모습을 볼 수 있다. 그들은 미팅 자체를 즐기고 서로의 아이디어를 통해 지적 자극을 받으며 에너지를 얻는다.

하버드 경영대학원 에드먼슨^{Edmondson} 교수는 간호사 집단의 문화 차이에 따른 학습 효과를 연구했다.[10] 차트 기재를 부정확하게 하거나 약물을 잘못 사용하는 등 실수가 발생했을 때, 한 간호사 집단에서는 비난과 비판으로 대응하는 문화가 지배적이었다. 이 집단의 간호사들에게서는 자신과 타인의 실수를 감추려는 경향이 나타났다.

다른 간호사 집단에서는 실수 내용을 공개하고 공유하는 타산지석의 문화가 지배적이었다. 간호사들은 실수해도 당황하지 않았고 감추려고 애쓰지도 않았다. 실수를 공유함으로써 같은 실수를 저지르지 않기 위해서는 어떤 점에 주의를 기울여야 하는지, 어떤 상황에서 실수가 발생하기 쉬운지 등의 지식이 공유될 수 있었다. 6개월 후 두 간호사 집단의 실수 발생 비율을 비교했더니 실수를 공개하고 학습 기회로 삼은 집단의 실수 발생 빈도가 훨씬 낮게 나타났다.

중요한 업무를 처리하면서 실수를 저지르거나 의욕적으로 진행한 프로젝트가 실패하는 등의 아찔한 경험을 누구나 한 번쯤 해봤을 것이다. 이때 상사나 동료들이 실수와 잘못에 대해 질책하고 비판을 일삼는다면 다시 일어설 힘을 얻지 못하고 그대로 주저앉아버릴 수 있다. 또한 실수가 발생하면 감추기 급급하고 그러다가 더 큰 문제를 초래할 수도 있다.

그러나 서로에 대한 신뢰가 형성되어 있다면, 비록 중대한 실수를 저지르고 시도한 일이 수포로 돌아갔더라도 이를 두려움 없이 공개하고 공유해 학습 기회로 삼을 수 있다. 실패를 딛고 다시 새로운 시도를 할 수 있는 에너지도 얻을 것이다. 이처럼 개방적인 분위기, 심리적으로 안전한 환경psychologically safe environment은 팀의 성과를 높이는 데 매우 중요하다. 상대가 나를 이해하고 배려하며 잘못이 있어도 비난하기보다는 격려할 것이라는 믿음은 위축되지 않고 강점을 발휘하며 의욕적으로 일하는 데 반드시 필요하다.

《가장 일하기 좋은 100대 기업The 100 Best Companies to Work For in America》의 저자 레버링Levering과 모스코비츠Moskowitz는 기업이 높은 성과를 내는 데 중요한 것은 높은 급여 수준이나 다양한 복리후생 제도보다 구성원 간의 신뢰라는 사실을 강조한다.[11] 해마다 '일하기 좋은 100대 기업'을 선정해 발표하는 경제 전문지 〈포춘Fortune〉 역시 신뢰를 선정의 중요한 기준으로 삼는다.

환상의 팀워크, 환상의 하모니

구성원들 간의 신뢰 구축을 통해 괄목할 만한 성과를 낸 조직으로 부천 필하모닉 오케스트라를 들 수 있다. 부천 필하모닉은 부천시의 자랑이자 서울시향, KBS교향악단과 함께 3대 오케스트라로 꼽힌다. 창단 이듬해인 1989년부터 부천 필하모닉을 이끌고 있는 상임지휘자 임헌정 씨의 힘이 크다.

젊고 촉망받던 서울대 교수 시절, 그는 부천이 어디 있는 줄도 모른 채 부천 필하모닉 상임지휘자 제안을 받아들였다. 신생 오케스트라를 제대로 키워 사회에 공헌도 하고 지휘 공부도 하자는 생각이었다. 단원이 20명밖에 되지 않는다는 점도 추가 인원을 직접 선발할 수 있으니 오히려 긍정적으로 보였다.

그러나 막상 가보니 상황은 열악하기 그지없었다. 심지어 연습실도 없었다. 시민회관 전시관에서 연습을 했는데, 전시가 열릴 때면 복도나 로비로 쫓겨 가야 했다. 시민회관에 온 아이들이 종이비행기를 날리며 뛰어다니고 음료수 병이 굴러다니는 곳에서 연습을 하노라면 단원들 사이에서 한숨이 흘러나왔다. 모두 외국 유학까지 하고 온 엘리트 음악가들이었다. 그때마다 그는 말했다.

"앞으로 우리나라를 이끌어갈 아이들입니다. 베푸는 마음으로 연주합시다."

이렇듯 열악한 조건에도 불구하고 부천 필하모닉은 얼마 안 가 두각을 나타냈고, 클래식 음악계의 판도를 바꾸기 시작했다. 바로 단원들과 단원들, 단원들과 지휘자 사이에 구축된 신뢰 덕분이었다. 임헌정 씨의 지론에 의하면 연주는 신뢰고, 이를 바탕으로 하모니를 이루는 것이 오케스트라다. 부천 필하모닉이 실력으로 명성을 얻을 수 있었던 것은 오랫동안 신뢰를 쌓아온 결과였다.

부천 필하모닉 단원들은 인간적으로 서로를 좋아한다. 서로를 이해하고 배려하며 아껴주고 지지한다. 서로의 인성과 가능성과 가치를 믿는다. 오케스트라에서 중요한 것은 연주 실력보다 화합과 팀워크다. 연주는 테크닉이 아니라 마음으로 하는 것이다. 아무리 기량이 뛰어나도 마음이 딴 데 가 있으면 감동적인 연주가 나오지 않는다. 똑같은 곡을 똑같은 사람들이 연주해도 어떤 마음으로 하느냐에 따라 전혀 다른 연주가 된다. 이때 중요한 것이 단원 모두가 한마음으로 최상의 소리를 내겠다는 목표를 갖는 것이다.

오케스트라 지휘자란 악역을 맡은 독단적인 리더이기 십상이다. 그러나 임헌정 씨는 중요한 의사결정에 단원들을 참여시키며 부천 필하모닉을 민주적으로 운영했다. 솔직하게 의견을 구하고 설득으로 동의를 이끌어내면서 단원들의 신뢰를 얻었다. 단원들이 같은 목표를 갖고 그 목표를 향해 한마음으로 노력할 수 있도록 환상적인 팀워크를 만들었다. 그 결과 부천 필하모닉은 다른 오케스트라에서는 들을 수 없는 소리를 낼 수 있었다.

임헌정 씨는 지휘란 "공연을 할 때 단원들의 에너지가 최고의 빛을 발할 수 있도록 하는 일"이라고 말한다. 그는 스스로도 에너자이저이며 단원들 역시 에너자이저로 만들기 위해 노력한다. 신뢰를 구축하는 일이 중요하다는 사실을 잘 알고 있기에 가능한 일이다.

약속을 잘 지키는 법

신뢰는 믿음이다. 부천 필하모닉 단원들은 민주적인 리더십의 지휘자 임헌정 씨를 믿고 따랐고, 임헌정 씨는 단원들을 믿고 그들을 이끌어 멋진 팀워크를 만들어냈다. 이처럼 우리는 신뢰가 가는 사람을 믿고 따르며, 신뢰할 수 있는 사람을 믿고 일을 맡긴다.

그런데 한 사람을 믿느냐 믿지 않느냐는 약속의 이행 여부에 좌우될 때가 많다. 당신이 다른 사람들과 함께 일할 때, 언제까지 어떤 일을 완료하겠다고 약속해놓고 지키지 않는다면 그 사람들은 얼마나 힘이 빠지고 실망할까? 에너지가 쑤욱 빠져나가서 다음 업무를 계획하고 싶은 의욕도 사라질 것이다. 당신에 대해서는 '믿을 수 없는 사람'이라는 불신을 갖게 될 것이다. 반면 약속했던 일을 완벽하게 끝낸 상태로 다음 미팅 자리에 나간다면 팀원들이 얼마나 기분 좋고 당신을 신뢰하겠는가?

설Sull과 스피노자Spinosa는 약속을 잘 지키기 위한 방법을 몇 가지 제시한다.[12]

● 서로가 원하는 것을 분명하게 이해한다: 약속을 하는 쌍방은 서로간의 기대에 차이가 있기 쉽다. 따라서 무엇을 원하고 얼마나 빨리 어떤 방식으로 일이 완수되기를 기대하는지 분명하게 의사소통을 하는 것이 중요하다. 모호한 약속은 정하기 쉽지만 나중에 엉뚱한 결과를 초래하기도 한다. 서로의 뜻을 제대로 파악하지 못한 채 한 약속이기 때문이다. 약속의 내용을 분명하게 알기 위해서는 상대방이 원하는 바에 대해 적극적으로 질문하는 것이 좋다. "무슨 뜻인가요?", "제 말을 충분히 이해하

셨나요?", "제가 무엇을 하는 것이 좋겠습니까?", "당신은 무엇을 할 계획입니까?", "언제까지 일을 마무리할까요?", "이러한 점이 어려운데 어떻게 하면 해결이 될까요?", "혹시 도와주실 수 있습니까?" 같은 질문이다.

- **중간 중간 적극적으로 의사소통을 한다**: 한 번 약속한 내용이라도 변경이 필요하면 언제든지 전화기를 들어야 한다. 예상치 못했던 일이 발생하거나 기한을 조정해야 하거나 목표를 수정해야 하는 등 다양한 문제가 생길 수 있다. 그런데 이를 상대방에게 밝히지 않고 혼자 처리하겠다고 끙끙 앓다가는 결국 약속을 못 지키게 된다. 그때그때 상황을 밝히고 약속 내용을 조정해서 그 약속을 지키는 편이 오히려 신뢰감을 줄 수 있다. 서로에 대해 요구하는 바와 약속한 내용을 담은 체크리스트를 만들어 공유하는 것도 좋은 방법이다. 중간 중간 약속이 잘 이행되고 있는지, 엉뚱한 방향으로 가고 있지는 않은지 점검하는 것도 중요하다.

- **공식적으로 약속을 받아낸다**: 다른 사람들 앞에서 한 약속은 둘이서만 한 약속보다 훨씬 강한 효력을 발휘한다. 약속을 지키지 않았을 때 자신의 이미지가 손상될 것을 생각하면 약속을 지키려고 더 노력하게 된다. 자신의 체면과 신뢰가 걸린 일이기 때문이다.

- **약속은 자발적으로 맺는다**: 약속을 할 때 비자발적인 경우가 꽤 있다. 동료나 상사의 눈치를 보느라, 이기적으로 보이고 싶지 않아서, 또는 거절

을 못하는 성격 탓에 마지못해 약속하게 되는 경우다. 이렇듯 비자발적인 약속은 애초부터 할 생각이 없었기 때문에 더더욱 지키기가 어렵다. 그렇다고 원하지 않는 모든 제안에 "아니요" 하기도 어렵다. 이때 좋은 방법은 "아니요"라고 말하기 전에 새로운 약속을 제안하는 것이다. "그 일에 대해서는 약속을 할 수가 없지만, 이렇게 내용을 바꾸면 약속을 지킬 수 있을 것 같습니다." 무조건 "네"를 하거나 대안도 생각하지 않고 "아니요" 하는 소극적인 자세는 신뢰감을 주기 어렵다. 반면 약속을 지킬 수 있는 대안을 제시하면 적극적이고 협조적인 느낌과 함께 신뢰감을 준다. 약속을 더 잘 이행하게 되는 것은 말할 것도 없다.

● **약속한 내용의 의미를 공유한다:** 어떤 일을 언제까지 어떻게 완수하겠다는 약속을 할 때, 상대방이 이 일이 왜 중요하고 어떤 의미가 있는지 설명해준다면 훨씬 더 많은 의욕과 책임감이 생긴다. 일의 중요성과 의미를 알면 몰입하기가 더 쉬워지고, 약속한 내용에 국한하지 않고 그 의미를 실현하기 위해 새로운 방법까지 창안할 수도 있다. 군대에서도 작전을 짤 때는 부대원들이 달성해야 하는 목표와 함께 그 목표를 달성해야 하는 이유와 중요성에 대한 설명이 함께 이루어진다. 이렇게 하면 작전 수행 중 예기치 못한 상황이 일어나도 새로운 작전을 생각해낼 수 있다. 또 난관에 부딪쳐도 이를 극복하기 위해 노력한다. 목표의 의미를 잘 알고 있기 때문이다.

6장

—

에너자이저로
거듭나기

ENERGIZER

나는 그날 누군가에게 미소를 짓기만 해도 베푸는 사람이 될 수 있다는
것을 배웠다. 그 후 세월이 흐르면서 따뜻한 말 한 마디, 지지의 의사 표시
하나가 누군가에게는 고마운 선물이 될 수 있다는 것을 알았다.
_ 마야 안젤루(미국 시인이자 소설가)

ENERGIZER

당신의 에너지
충전법은 틀렸다

—

우리에게는 잘못된 믿음이 있다. 인간에게는 무한한 능력이 있어서 쉬지 않고 장기간 전력질주를 할 수 있다는 생각이다. 우리 몸에는 생체 리듬이 있다. 심장 박동도 리듬이 있고, 근육도 수축과 이완을 반복하며, 에너지도 소모와 충전이 반복된다. 에너지 창고 역시 다시 채워 넣지 않으면 텅 비어버릴 수 있다.

그렇다면 에너지 관리는 어떻게 해야 할까? 직장인들의 경우를 살펴보자. 프리츠Fritz, 램Lam, 스프라이처는 미국의 한 소프트웨어 개발 회사에 근무하는 200여 명을 대상으로 업무 중 에너지 수준을 유지하기 위해 어떤 방법을 사용하는지 조사했다.[1] 직원들이 가장 많이 사용하는 방법은 다음과 같았다.

1. 이메일을 체크한다

2. 다른 업무로 전환한다

3. 처리해야 할 업무 리스트를 만든다

4. 동료에게 도움을 준다

5. 동료나 상사와 이야기를 나눈다

업무와 관련 없는 것으로 직원들이 가장 많이 사용하는 방법은 다음과 같았다.

1. 물을 마신다

2. 스낵을 먹는다

3. 화장실에 간다

4. 카페인 음료를 마신다

5. 스트레칭이나 산책 등 신체적인 활동을 한다

흥미로운 점은, 통계분석 결과 위 방법 모두 에너지 수준과는 상관이 없었다는 것이다. 특히 카페인 음료를 섭취하는 것은 오히려 에너지 수준을 떨어뜨렸다. 효과적인 방법은 상대적으로 소수의 직원들에게서 나타났다. 그들의 방법은 다음과 같았다.

1. 새로운 것을 배운다

2. 업무 내용 중 내가 좋아하는 부분에 집중한다

3. 새로운 목표를 설정한다

4. 동료를 기쁘게 할 만한 무언가를 한다

5. 함께 일하는 동료에게 고마움을 표현한다

6. 직장에서 내가 어떤 기여를 하고 있는지 생각해본다

7. 주변 사람들에게 피드백을 구한다

8. 내 일의 의미를 생각해본다

종합해보면 좀 더 자기 발전적이고 자기 성찰적이며 사람들과 좋은 관계를 형성하는 일이 에너지 충전에 효과적이다. 자신의 발전을 위해 노력하는 것은 미래에 대한 희망을 준다. 또 자신의 업무와 삶에 대해 성찰하고 의미를 찾으려 노력할 때 우리는 자신이 하는 업무의 중요성과 삶의 가치를 깨닫는다. 이렇듯 깨달은 사람과 깨닫지 못하고 불만과 불평을 늘어놓는 사람 사이의 에너지 격차는 클 수밖에 없다.

사람들과 좋은 관계를 유지하는 것 역시 에너지를 관리하는 훌륭한 방법이다. 주변 사람들과 사이가 안 좋을 때 얼마나 많은 에너지가 소모되고 정상으로 돌아오기까지 얼마나 많은 시간이 걸리는지 생각해보라. 다시 관계를 회복하기까지 소요되는 에너지는 그 양도 상당할 뿐아니라 정신적인 스트레스를 동반한다. 그렇기에 되도록이면 관계를 깨뜨리지 않고 자신의 의견을 관철시키는 지혜가 필요하다.

이들의 연구가 시사하는 중요한 점은, 우리가 에너지 충전법으로 믿는 일들이 별 효과가 없을 수 있다는 것이다. 에너지를 충전하려는 시도가 오히려 에너지를 반감시킬 수 있다. 그렇기에 자신에게 꼭 맞는 에너지 충전법을 정확히 아는 것이 필요하다.

에너지 종류에 따른
에너지 관리 방법

—

이 책의 도입 부분에서 우리는 자신의 에너지 창고에 얼마만큼의 에너지가 남아 있는지 체크해보았다. 신체 에너지, 정신 에너지, 감정 에너지, 마음 에너지를 체크한 결과, 당신의 에너지 관리 능력은 어떤 레벨에 속했는가. 에너지 관리 능력이 탁월했는가? 아니면 부족했는가? 지금 위기 상황에 있는가? 에너지 창고에 남은 에너지가 불안한 정도였다면 이제 부족한 에너지를 채워 넣어야 할 때다. 그렇다면 어떻게 해야 가장 효과적인 방법으로 에너지를 충전할 수 있을까?

에너자이저는 자신의 스트레스 수준을 낮추고 에너지를 충전하는 방법을 잘 알고 실천한다. 헬스장에서 운동을 하거나 스포츠를 즐기기도 하며, 친구나 동료들을 만나 업무에 관한 걱정이나 좌절 등에 대해 허심탄회하게 이야기함으로써 스트레스를 풀기도 한다. 낚시나 독서,

악기 연주, 여행 등 취미생활을 통해 에너지를 다시 채워넣기도 한다.

중요한 것은 자신에게 가장 맞는 에너지 충전법을 찾는 일이다. 글쓰기를 지루해하고 글을 쓴다는 생각만으로도 스트레스를 받는 사람이 있는가 하면, 글을 쓰면서 스트레스를 풀고 위안을 얻으며 스스로를 치유하는 사람이 있다. 또 설거지를 해야 할 그릇들과 빨아야 할 옷들을 보면 스트레스가 쌓이는 사람이 있는가 하면, 맑은 물에 그릇을 씻어내고 깨끗해진 빨래를 널면서 상쾌함을 느끼고 기분이 좋아지는 사람도 있다. 이처럼 에너지를 얻는 방법은 사람에 따라 각기 다르다. 당신은 어떤 일을 할 때 스트레스가 해소되고 기분이 좋아지며 힘을 얻는가. 자신에게 맞는 에너지 충전법을 알기 위해서는 알아두어야 할 것이 있다. 우리가 사용하는 에너지의 종류와 기능이다.

슈워츠와 맥카시의 분류는 효과적인 에너지 관리에 도움이 될 것이다.[2] 이 분류는 우리가 에너지 상태를 점검할 때 체크 리스트에서 보았던 항목이기도 하다.

에너지 관리법은 관리 대상이 되는 에너지의 종류에 따라 구별된다.

- **육체/신체 에너지**physical energy : 체력과 끈기를 기르는 데 도움이 된다.
- **정신 에너지**mental energy : 어떤 일에 집중하는 데 도움이 된다.
- **감정 에너지**emotional energy : 신바람과 열정을 불러일으킨다.
- **마음 에너지**spiritual energy : 삶의 중심을 잡고 존재 의미를 느끼게 한다.

양질의 영양 공급, 운동, 수면과 휴식은 에너지를 재충전하는데 도움이 될 뿐만 아니라 정서를 안정시키고 집중력을 높인다. 그럼에도 많은 직장인들은 이러한 습관을 자신의 바쁜 일상 속에 어떻게 정착시킬 수 있을지, 그 방법에 대해서는 잘 모르는 경우가 많다. 슈워츠와 맥카시는 에너지의 종류를 크게 네 가지로 나누고, 각각의 에너지 보유 수준을 진단함으로써 자신이 에너지 위기 상황으로 가고 있지는 않은지 체크할 수 있도록 돕는다. 이 체크리스트 결과를 통해 네 가지 에너지 중 무엇이 특히 부족한지를 파악할 수 있고, 자신의 전체적인 에너지 레벨 관리 수준을 이해하고 그에 따른 대안을 생각해볼 수 있다.

네 가지 에너지를 각각 어떻게 관리하면 좋을지 살펴보자.[3]

육체/신체 에너지 관리법

우리의 신체는 에너지의 원천이다. 신체 에너지를 발생시키는 연료로는 대표적으로 수면, 영양, 운동을 들 수 있다.

- **수면:** 충분한 수면은 에너지를 재충전하는 매우 중요한 수단이다. 전날 밤 잠을 설치고 나서 다음 날 하루 종일 기운이 없고 비몽사몽 상태였던 경험은 누구에게나 있을 것이다. 한 연구 결과에 의하면, 24시간 동안 잠을 자지 않거나 1주일간 매일 4~5시간의 수면만 취했을 경우 만취 상태와 같은 정도로 사고와 인지에 장애가 일어난다고 한다.[4] 수면이 부족할 경우 정보 처리 속도가 느려지고 기억력에도 문제가 생기며

집중하는 데 어려움을 겪는다. 수면 전문가들은 매일 7~8시간의 수면을 취하고 정해진 시간에 규칙적으로 잠자리에 들고 일어날 것을 권장한다.

- **영양:** 전문가들에 의하면 하루 종일 최대의 에너지를 발휘하기 위해서는 아침식사를 거르지 않아야 하고, 신진대사가 원활하도록 5~6회 소식을 하는 것이 바람직하다고 한다. 영양 면에서 균형 잡힌 식사를 하는 것이 중요하며, 당분이 많은 청량음료나 스낵류를 줄이는 것이 좋다. 카페인 섭취도 적정 수준으로 유지하고, 하루 종일 조금씩 물을 마시는 것도 에너지 레벨 유지에 도움이 된다.

- **운동:** 전문가들은 활력 있고 생동감 있는 생활을 위해 규칙적인 운동을 권장한다. 이는 비만과 그에 따른 합병증 발생 위험을 줄여줄 뿐만 아니라, 집중력을 향상시키고 전반적인 사고와 인지 능력을 활발하게 해준다. 특히 에너지 레벨 관리를 위해서는 1주일에 3~4회씩 매회 20~30분가량 심박 수를 높여주는 운동을 하는 것이 좋다. 또 1주일에 적어도 한 번 정도는 근력과 체력을 강화시켜주는 운동을 하는 것이 도움이 된다. 가급적이면 엘리베이터 대신 계단을 이용하고, 업무 중간 중간에 바깥바람을 쐬거나 간단히 산책을 하는 것도 좋은 방법이다.

정신 에너지 관리법

정신 에너지는 집중력과 관련이 있다. 필요한 일에 집중할 수 있는 전략으로 다음 두 가지가 있다.

- **멀티태스킹**multitasking**을 멈춘다**: 업무를 하면서 동시에 이메일 체크도 하고 문자 메시지도 보내며 페이스북에도 들락날락하다 보면 어느새 퇴근 시간이 된다. 특별히 해놓은 일도 없이 스트레스와 남은 업무를 잔뜩 부둥켜안고 불쾌한 기분으로 퇴근한 경험, 한 번쯤은 해보았을 것이다. 이처럼 동시에 여러 부분으로 에너지를 분산시키다 보면 인지적 정보 처리 속도도 느려지고, 실수도 더 많이 저지르며, 건강에도 적신호가 켜질 수 있다. 이메일을 체크하거나 전화를 받기 위해 업무가 중단되면, 그 업무를 재개하고 나서 마무리 짓는 데 걸리는 시간이 업무가 중단되지 않았을 때 걸리는 시간보다 25퍼센트 더 필요하다고 한다. 완전한 집중이 요구되는 중요한 일을 할 때는 다른 일로 방해받지 않도록 조용하고 외딴 장소를 찾는 것도 한 방법이다. 휴대폰을 꺼놓거나 인터넷 접속이 되지 않는 곳에서 일을 하면 집중하는 데 확실히 도움이 된다.

어떤 중간관리자는 미팅 중에 걸려오는 전화는 음성 메시지 시스템으로 넘어가도록 놔둠으로써 미팅 상대방에게 집중하는 전략을 사용하기도 한다. 미팅 중에 쌓인 음성 메시지들은 미팅과 미팅 사이에 막간을 이용해 처리한다. 어떤 관리자는 하루에 이메일 체크하는 시간을 오전 10시 15분과 오후 2시 30분 두 번으로 제한하고, 한 번 체크할 때 45분 정도를 할애해 그 동안 쌓인 이메일을 모두 정리한다. 그렇게 함으로써 나머지 시간 동안 업무에 훨씬 효과적으로 집중할 수 있다고 한다.

- **잠깐씩 휴식을 취한다:** 업무 중 10분 정도 짧게 휴식을 취하는 것도 에너지 레벨을 유지하는 데 도움이 된다. 집중력을 유지하기 위해서는 매 90~120분마다 짧은 휴식을 취하는 것이 좋다고 한다. 일정한 시간 집중해서 일을 하고 잠깐 쉬었다가 다시 일에 집중하는 사람이, 하루 종일 열심히 일하는 사람에 비해 더 생산적으로 일할 수 있다. 다만 휴식 시간에 흡연을 한다든지 카페인 음료를 지나치게 섭취하는 것은 건강에 해로우므로, 편안하게 쉬면서 휴식시간을 보내거나 스트레칭 혹은 산책 등 가벼운 신체활동을 하는 것이 훨씬 유익하다. 에너지를 회복하는 데 효과적인 또 한 가지 방법은 현재 하고 있던 업무와는 다른 종류의 일을 해보는 것이다. 한 가지 업무에 집중하느라 지쳤을 때, 뭔가 새로운 종류의 업무에 주의를 기울임으로써 기분 전환이 될 수 있다. 기분 전환이 되는 새로운 일은 다른 유형의 업무일 수도 있고 자신이 평소에 즐기는 일일 수도 있다.

감정 에너지 관리법

감정 에너지는 우리가 매일 하는 일에서 열정과 의욕을 느끼는 것을 의미한다. 긍정적인 감정으로 인해 긍정 에너지를 경험할 때는 업무에 능률이 오르고 활발하게 일을 처리한다. 그러나 하루 종일 긍정적인 에너지를 유지하기란 거의 불가능하다. 계속 밀려오는 업무와 사람들의 요구 사항, 예상치 못한 변수들까지 더해 사람들은 점점 짜증과 불쾌함의 부정적인 감정을 느낀다. 이러한 부정적 감정 상태는 사람들의 에너지를 빼앗아가는 주범이고, 직장 동료들 간의 관계에서 마찰을 빚는 원인이 되기도 한다. 따라서 자신의 감정 수준을 잘 관리하는 것은 결국 에너지 레벨 유지와 밀접한 관련이 있다. 감정 에너지 레벨을 유지하고 재충전하기 위한 전략으로 아래의 방법이 있다.

- **긍정적인 감정:** 3장에서도 살펴봤듯이, 긍정적인 감정은 확장 효과와 확충 효과가 있다. 즐겁고 유쾌한 감정을 느낄 때 사람들은 인지와 사고의 폭이 넓어져서 더 창의적이고 혁신적인 생각을 할 가능성이 높아진다. 또한 즐겁고 유쾌한 감정을 반복해서 장기간 느끼다보면 정서적 성향으로 발전할 수 있다. 긍정적인 정서를 지닌 사람들은 불쾌하고 화가 나는 부정적 감정 상태로부터 빨리 벗어나며 건강한 삶을 오래 유지한다는 연구 결과도 있다. 자주 웃고 자주 미소 지으면 더불어 나와 주변 사람들의 에너지 레벨도 높일 수 있다.

- **숨을 깊게 들이쉬고 내쉰다:** 숨을 깊게 들이마시고 5~6초에 걸쳐 숨을 천천히 내쉬는 것은 긴장의 이완과 에너지 회복에 많은 도움이 된다.

- **도움을 주거나 친절을 베풀라:** 다른 사람의 도움을 받거나 친절한 대접을

받는 사람보다는 베푸는 사람이 더 큰 만족감과 행복감을 느낀다고 한다. 나도 비슷한 경험을 한 적이 있다. 박사학위 논문에 사용할 데이터를 모으기 위해 미국의 학부 학생 300여 명을 대상으로 실험연구를 진행할 때였다. 참가한 학생들이 즐겁고 기분 좋은 긍정적 감정을 느끼도록 만들어야 하는 실험 조건이 있었는데, 내가 사용한 첫 번째 감정 유도 방법은 학생들에게 '즐겁고 기분 좋았던 경험에 대해 회상하고 주변 학생들과 그 경험을 공유하는 것'이었다.

대부분의 학생들은 좋은 대학에 입학했을 때, 상을 받았을 때 등 개인의 성취와 업적에 관한 경험을 이야기했다. 그런데 학생들의 감정을 측정해보니 그다지 긍정적이지 않은 것으로 나타났다. 학생들이 긍정적인 감정을 느껴야만 실험을 진행할 수 있었기 때문에 나는 당황하지 않을 수 없었다. 논문 지도교수님에게 상의를 드렸더니 다음과 같은 지적을 해주셨다. 개인의 성취와 업적은 이미 지나간 일로서 현재의 긍정적인 감정에는 큰 영향이 없을지도 모른다는 것이었다. 지도 교수님이 새롭게 추천하신 방법은 '다른 사람의 인생에 중요한 영향을 미쳤던 경험에 대해 회상하고 주변 학생들과 그 경험을 공유하는 것'이었다.

결과는 대성공이었다. 많은 학생들이 가난한 아이들에게 무료로 공부를 가르친 일, 크리스마스에 혼자 사시는 이웃 할머니를 찾아가서 선물을 드리고 온 일, 병원에서 아르바이트할 때 어린 환자들의 친구가 되었던 일 등에 대해 이야기를 나눴다. 신기하게도 본인의 성취나 업적에 대해 이야기할 때보다 다른 사람에게 도움을 주거나 친절을 베푼 이야기를 할 때 학생들이 훨씬 더 많이 웃고 분위기가 따뜻해지는 것을 느낄 수 있었다. 물론 긍정적인 감정도 상당히 높은 수준으로 나타나 순조롭게 실험을 마칠 수 있었다.

도움과 친절은 전염 효과도 있어서, 다른 사람이 도움과 친절을 베푸는 것을 목격한 사람은 자신도 그러한 행동을 하려는 경향이 높아진다. 오늘부터 친구나 직장 동료에게 먼저 다가가서 도움을 준다든지, 커피 한 잔 함께 하자고 따뜻한 제안을 해보면 어떨까?

* **자신의 성공을 시각화한다:** 자신의 성공을 시각화해 그려보는 것도 긍정 에너지를 느끼는 데 큰 도움이 된다. 타이거 우즈의 아버지 얼 우즈 Earl Woods는 공을 치기 전에 홀 안으로 공이 굴러들어가는 이미지를 머릿속에 그려보기를 권유했다고 한다. 긍정적인 결과를 이처럼 비주얼하게 머릿속에 떠올리는 것은 단순히 마음을 안정시키고 희망적인 생각을 주는 데서 멈추지 않는다. 신경과학자들의 연구에 의하면, 비주얼하게 머릿속에 무엇을 그려보면 실제로 뇌의 신경 회로망이 새롭게 프로그램 되어 실제 결과에도 큰 영향을 미친다는 것이다.

마음 에너지 관리법

마음 에너지는 삶의 의미와 목적으로부터 생기는 에너지다. 마음 에너지 충전을 위해 아래의 방법을 제안한다.

- **매 순간 모든 일에 감사하라:** 내게 주어진 것에 감사하는 마음을 가질 때 삶에 대한 만족도가 높아지고, 스트레스나 우울증을 예방할 수 있다. 전문가들은 '감사 일기'를 쓸 것을 제안한다. 내가 그날그날 감사하게 생각한 일 세 가지를 매일 작성하는 것이다. 3장에서 긍정적인 감정 만들기의 한 예로 언급한 사례, 포스코아이씨티의 '행복 나눔 운동'을 기억할 것이다. 이 회사는 몇 년 전부터 감사하기 캠페인을 펼치고 있는데, 사원들에게 감사 일기 쓸 것을 권유하고 있다.

  내가 가진 것이 작다고 불평하고 주변 환경을 탓하는 것은 에너지를 다운시키는 지름길이다. 가진 것이 없고 주변 환경이 만족스럽지 않아도 그 속에는 감사할 일이 반드시 숨어 있기 마련이다. 숨은 보석 같은 그것을 찾아 감사의 마음을 매일 일깨우다 보면 놀라운 에너지가 생성될 것이다.

- **감사의 표현은 낭비해도 좋다:** 다른 사람에게 감사의 표현을 아끼지 않는 것도 마음 에너지 레벨을 높이는 좋은 방법이다. 내가 직접 적은 감사의 글이라든지 이메일, 감사의 전화 한 통화, 또는 감사의 말 한 마디는 에너지 충전에 큰 효과가 있다. 생각이 나거나 시간이 있을 때 감사를 표하기보다 정기적으로 날짜와 시간을 정해 감사를 표현하는 것이 훨씬 더 효과적이다. 감사의 표현은 시급하게 해야 하는 일이 아니기 때문에 일의 우선순위에서 뒤로 밀려날 가능성이 높다. 그러다 보면 결국 기회를 놓치기 쉬운데, 스케줄에 감사 표현의 날짜나 시간을 정해놓으면 그런 염

려를 하지 않아도 된다.

한 중간관리자는 과거에 후배 직원들과 미팅을 할 때 늘 결과 보고를 듣거나 성과 평가 결과를 알려주는 게 전부였다고 한다. 그러나 지금은 후배 직원들과 정기적으로 점심이나 저녁 식사를 하면서 그들의 노고에 감사를 표하고, 업무에 대한 이야기보다 가족에 대한 이야기나 커리어 목표에 대한 이야기 등 사적인 부분에 관심을 기울인다고 한다.

- **의미 있는 일에 집중한다**: 사람들은 자신이 인생에서 가장 중요하고 가치 있다고 여기는 일을 할 때 마음 에너지를 느낀다. 그럴 때 더 집중을 하게 되며 어려움이 닥쳐도 인내하는 모습을 보인다. "나는 나중에 어떤 사람으로 기억되고 싶은가?"라는 질문에 대한 답은 내가 인생에서 추구하는 목표를 드러내준다. 내가 나중에 다른 사람들의 기억 속에 남고 싶은 모습을 그리고, 그런 모습으로 살아가기 위해 노력할 때 내면에서 우러나오는 에너지를 경험할 수 있을 것이다.

연구 결과에 의하면, 하루에 20분씩 할애해 인생의 목표에 대해 적어보는 일을 할 때 삶에 대한 만족도와 건강이 증진되었다고 한다. 하루 동안 내게 일어났던 일들 중 의미 있고 가치 있는 일을 적어보는 시간은 당신의 에너지를 충전시키는 영양 만점의 시간이다.

우리는 추구하는 목표에서 의미를 찾을 수 있을 때 그 일에 매력을 느끼며 의욕을 가지고 노력하게 된다. 바쁘게 흘러가는 일상 속에 잠깐씩 멈춰 서서 자신의 깊은 곳에서 들려오는 내면의 소리를 듣고, 인생의 더 큰 의미를 생각해보는 것도 생활의 활력을 찾는 좋은 방법이 될 것이다. 사색이나 명상을 한다든지, 일기를 쓴다든지, 기도를 한다든지, 봉사활동을 하는 것도 삶의 의미 찾기를 위해 분명히 해볼 만한 일이다. 내면이 안정되고 튼튼해야 양질의 에너지가 생기는 법 아니던가.

자녀 양육과 에너지

—

결혼생활을 하는 사람들에게 인생에서 가장 중요한 주제는 무엇보다 자녀 양육이다. 특히 학생인 자녀를 둔 부모들끼리 만나서 대화를 하다 보면, 이야기는 예외 없이 자녀 양육과 교육 문제로 귀결된다. 이처럼 자녀 양육은 인생의 핵심 문제이기 때문에 육체적·정신적 에너지를 상당히 소모시킨다. 자녀 양육 역시 에너지를 소모시킬 수도, 반대로 에너지를 만들어낼 수도 있다.

그러나 아이들을 기르면서 얻는 기쁨과 에너지 또한 크다. 이를 '자녀 양육에 필요한 에너지와 자녀 양육으로 얻는 에너지perceived energy for parenting'라고 한다. 의학 교수와 심리학 교수인 재니스Janisse, 바넷Barnett, 니스Nies의 연구에 나오는 개념이다. 이들 연구자들은 자녀 양육으로 얻는 에너지와 소모되는 에너지를 측정해볼 수 있는 문항들을 아래와 같이 제시한다.[5]

내용	전혀 동의하지 않음				전적으로 동의함	
01 아이들과 함께 스포츠 경기나 운동을 즐긴다	1	2	3	4	5	6
02 아이들이 성장하는 속도에 잘 맞춰가는 편이다	1	2	3	4	5	6
03 밤에도 아이들과 함께 시간을 보내는 일이 피로하지 않다	1	2	3	4	5	6
04 아이들과 함께하는 시간 동안 에너지가 충만해진다.	1	2	3	4	5	6
05 아이들의 학교 또는 방과 후 활동 행사에 즐겁게 참석한다	1	2	3	4	5	6
06 아이들의 공부나 숙제를 봐주는 일이 피로하지 않다	1	2	3	4	5	6
07 나의 하루 일상에 아이들을 참여시키기를 좋아한다	1	2	3	4	5	6

내용	전혀 동의하지 않음			전적으로 동의함		
08 아이들을 돌보거나 필요를 채워주는 데 필요한 에너지가 넘친다	1	2	3	4	5	6
09 아이들과 관련된 많은 일들을 처리할 수 있는 충분한 에너지를 느낀다	1	2	3	4	5	6
10 아이들을 훈육하는 일이 피로하지 않다	1	2	3	4	5	6

10개 문항의 점수를 평균 냈을 때

/

평균 5점 이상 : 자녀 양육에 필요한 에너지를 갖고 있다.

평균 3~4.9점 : 자녀 양육을 위한 보통 수준의 에너지를 가지고 있다. 그러나 이 상태는 자칫 에너지가 고갈되는 상태로 변화될 수도 있다.

평균 1~2.9점 : 자녀 양육을 위한 에너지가 결핍되어 있는 상태다. 에너지를 다시 채우기 위한 노력이 필요하다.

추가 분석 결과, 자녀 양육 에너지가 높은 부모일수록 자녀 양육에 대한 자신감과 만족감이 높고, 피로도는 낮은 것으로 밝혀졌다. 이처럼 우리 삶에 필요한 에너지는 매우 다양한 색깔을 지니고 있다. 우리가 에너지를 얻는 원천은 각자 다를 수 있다. 따라서 자신만의 에너지 충전법을 찾아야 한다.

나만의 멘토를
만들면

—

사람들과의 관계는 우리의 중요한 에너지 원천이다. 특히 인생의 중요한 가르침을 주는 멘토를 두는 것은 삶의 조력자를 얻는 것과 같다. 인생은 등반과 같다. 때때로 악천후를 만나고 험한 지형이 나타나는 고된 등반길에서 정상까지 가는 동안 에너지를 잃지 않으려면 유능한 가이드가 필요하다. 그들은 등반의 고비마다 적절한 조언을 해주고 등반 전반에 걸쳐 자신의 경험과 지혜를 나눠준다. 우리 삶에서도 든든한 후원자가 되어줄 사람이 필요하다. 그런 사람을 우리는 '멘토'라고 한다.

멘토가 있는 사람은 그렇지 못한 사람보다 성공할 가능성이 높으며 행복할 가능성 또한 높다. 일본의 부호 천 명을 대상으로 한 조사 결과가 이를 뒷받침해준다. 이들 가운데 수입이 더 많을수록 멘토가 있다고 대답한 비율이 그렇지 않은 경우보다 더 높았다. 또한 행복지수가 높을수록 멘토로부터 삶의 방식에 대해 배운다는 대답이 압도적으로 많았다. 멘토는 구체적인 업무에 대해서도 가르쳐줄 수 있지만, 인생에 대해 조언을 해줌으로써 우리를 더 행복한 삶으로 이끌어준다.

그런데 사람들은 보통 멘토는 훌륭한 사람 한 명이면 충분하다고 생각한다. 그러나 전문가들은 여러 명의 멘토로부터 도움을 받을 때 더 효과적이라고 조언한다. 직장 내의 멘토는 나의 업무에 도움을 줄 수 있고, 직장 밖의 멘토는 나의 인간관계에 도움을 줄 수 있다. 또 같은 직업에 종사하거나 같은 전문가 집단에 속한 멘토는 나의 커리어 개발에 도움이 된다.

멘토의 나이는 다양할 수 있다. 나와 비슷한 연령의 멘토는 동료 관계로 도움을 주고받으며 서로에게서 배울 수 있다. 나보다 4~5세 많은 멘토는 내가 경험하고 있는 일들을 비교적 최근에 경험했을 가능성이 높기 때문에, 현재 하고 있는 일들에 대해 중요한 조언을 줄 수 있다. 훨씬 연배가 높은 멘토는 내 나이 때 겪었던 일들에 대해 깊이 있고 폭넓은 이해를 하고 있기 때문에, 보다 객관적이고 장기적인 관점에서 조언을 해줄 수 있다.

그렇다면 멘토를 만들기 위해서는 어떻게 해야 할까? 좋은 멘토를 만나려면 우선 열심히 살아야 한다. 되는 대로 쉽게 살려는 사람에게 자신의 귀중한 시간을 내어줄 멘토는 없기 때문이다. 당신이 최선을 다했다는 것을 알 때 그는 기꺼이 멘토가 되어줄 것이다. 또한 멘토의 가르침을 당신 자신만을 위해서가 아니라 보다 많은 사람을 위해 쓰고 싶어 할 때 멘토를 만날 가능성이 더 높다.

이제 우리는 어떤 멘토를 만나야 할까? 우선 세상의 잣대로 본 성공이 아니라 진정한 성공을 이루어 스스로 행복한 사람이 좋다. 사회적으로 성공했어도 배우자와의 관계가 좋지 않은 경우가 있다. 이런 경우는 진정한 성공을 했다고 말하기 어렵다. 또 실패 없이 평탄한 삶을 살아온 사람보다는 역경을 딛고 일어난 경험이 있는 사람이 더 큰 지혜를 줄 수 있다.

멘토를 찾는 일도 나의 에너지 창고를 채우지만, 내가 멘토가 되어 다른 사람에게 도움을 주는 일 또한 나의 에너지 창고를 풍요롭게 한다. 나의 축적된 경험과 노하우를 다른 사람과 나눔으로써 보람을 느낄 수 있고, 직장 안팎에서 새롭고도 돈독한 관계를 만들 수 있다.

멘토링 관계는 멘토로부터 멘티에게로 가는 일방향적 관계라고 생각하기 쉽지만, 오히려 멘티가 멘토의 의욕을 북돋우기도 하고 멘토에게 힘이 되기도 한다. 멘토링 관계는 서로 도움과 에너지를 주고받는 양방향적 관계다.

일상에서
탈출하라
—

에너지 사용과 재충전의 사이클

나의 잠재력을 최대한 발휘하고 직장, 가족, 그리고 나 자신에게 충실할 수 있기 위해서는 에너지 충전이 필수적이다. 일상에서 최상의 컨디션을 유지하려면 어떻게 해야 할까? 한 번 반짝 능력 발휘를 하고 끝나는 것이 아니라 장기적으로 꾸준하게 활력을 가지고 생활하기 위해서는 신체적·정신적 배터리를 충전하는 습관을 가져야 한다. 특히 충전된 에너지를 사용하고, 사용한 에너지만큼 재충전하는 사이클을 규칙적으로 반복하는 것이 좋다. 스트레스와 피로 누적은 그만큼 에너지 사용과 충전 사이클이 제대로 반복되고 있지 않다는 증거다.

실제로 세계 정상급 테니스 선수들이 중요한 경기를 하는 모습을 지켜보면, 에너지 소비와 충전을 규칙적으로 반복한다는 사실을 알 수 있다. 의식적인 행동인지 무의식적인 행동인지는 정확히 알 수 없지만, 포인트를 따거나 내주고 나서 15~20초 정도의 공백 시간 동안 테니스 라켓 줄을 응시한다든지 줄을 바로잡는다든지 하면서 정신을 집중한다.[6] 심리적으로 자신을 안정시키고 다음 플레이를 어떻게 할지 계획을 세우기도 한다. 실제로 테니스 선수들에게 심박 측정기를 달고 경기를 하도록 했더니, 경기와 경기 사이의 공백 시간 동안 정신을 집중하는 모습을 보이는 선수들일수록 경기 중의 심박 수보다 공백 시간의 심박 수가 15~20퍼센트 감소했다.

경기에 능숙한 선수들일수록 에너지를 집중해서 사용하고 재충전하는 일을 규칙적으로 반복한다. 반면 경기 결과가 그다지 좋지 않은 선수들은 경기 중과 공백 시간의 활용에서 불규칙한 모습을 보인다. 공백 시간 동안 에너지를 재충전하지 못한 채 다시 경기를 시작하는 것이다. 회복되지 않은 상태에서 계속 에너지를 사용하다보니 좌절과 불안감, 초조함, 집중력 상실, 스트레스로 인한 압박감 등이 누적되는 현상이 나타난다.

직장인 역시 이 사이클을 조절할 필요가 있다. 그러나 쉽지 않은 일이다. 아침에 일어나면 몸 상태나 기분이 금요일까지 풀타임으로 일한 것처럼 소진된 느낌인데 이제 목요일 아침이다. 아직도 이틀을 더 버텨야 한다는 생각에 출근할 의욕이 생기지 않는다. 밀린 휴가를 몰아서 쓰고 직장에 복귀하면 피로감이 더 심하다. 연말에 남은 일주일 휴가를 다 써서 해외 여행을 다녀왔더니 시차 적응도 안 되고 업무 능률도 오르지 않는다고 털어놓는 사람도 있다. 당신은 혹시 이렇게 다음 휴일이 오기만을 기다리며 하루하루를 힘겹게 버티고 있는 것은 아닌가? 심리학자 프리츠^fritz에 의하면 하루의 업무가 끝나고 나면 업무로부터 자신을 분리시키는 것이 에너지 충전에 도움이 된다.[7] 그날의 업무를 끝내고 업무와 상관없는 일을 함으로써 내일을 위한 에너지를 충전하는 것이다.

효과적인 휴가 사용법

휴가는 에너지 충전의 훌륭한 방법이다. 문제는 휴가를 다녀오고 나서 2주 정도 지나면 대개 에너지 수준이 휴가 전의 수준으로 다시 돌아간다는 사실이다. 장기간 휴가를 다녀온다고 해도 휴가의 효과는 2주일 정도밖에 지속되지 않는다. 휴가 기간 동안 밀린 업무 때문에 오히려 휴가가 끝날 때쯤에는 업무로 복귀해야 한다는 생각에 스트레스가 가중될 수 있다. 1년에 한 번 장기 휴가를 다녀오는 대신 단기 휴가를 1년에 세 번 다녀오는 것이 더 효과적인 에너지 충전법이다. 또 휴가 기간 동안 그냥 휴식을 취하는 것보다 무언가 새로운 것을 배울 때 에너지 충전 효과가 크다. 예를 들면 휴가 기간 동안 암벽 등반 기술을 익힌다든지 낚시를 배운다든지 새로운 취미를 개발하는 것이다.

휴가를 단지 쉬는 기간으로만 생각하지 않고, 직장에 복귀했을 때 업무 에너지를 높일 수 있는 수단으로 활용하는 기업들이 있다.[8] 생일 카드로 유명한 홀마크 카드^Hallmark Cards는 직원들의 예술적 창의성을 중요시한다. 장기 휴가를 보내면서 직원들에게 예술적 에너지를 채워 올 것을 권장한다. 그들은 자유롭게 박물관이나 학술대회를 돌아다니기도 하고, 고객과 시장의 트렌드를 파악하기 위해 여기저기 다니며 시간을 보낸다. 때로는 회사 농장에서 휴식을 취하기도 한다.

한편 금융회사 웰스 파고Wells Fargo는 직원들이 4개월간 사회 봉사활동을 할 수 있는 기회를 준다. 암 환자들의 모임에서 봉사를 하는 직원도 있고, 음주운전 예방 캠페인에 참여하는 직원도 있다. 전국의 고등학생들을 대상으로 강의를 하러 다니는 사람, 중동 지역 여성들의 자립을 위해 소규모 사업을 시작하도록 돕는 사람 등 활동 내용도 무척 다양하다.

특히 중동 지역 여성들을 돕는 사업은 상당히 성공적이어서, 유엔에서 이 사업을 주요 추진 사업으로 채택했을 정도다. 어렵고 힘든 상황에 처한 사람들을 도우면서 자신의 처지에 감사하게 되고 주어진일에 더욱 의욕을 갖게 된다는 연구 결과에서도 볼 수 있듯이, 4개월간 봉사활동을 마치고 돌아온 웰스 파고의 직원들에게서는 예전보다더 큰 에너지와 업무 몰입도를 느낄 수 있다.

생활 습관이
에너지를 결정한다

—

　퇴근 후 저녁 시간, 주말, 휴가 등을 효과적으로 사용하면 에너지를 충전하는 데 도움이 된다. 문제는 이렇게 충전한 에너지는 하루, 사흘 또는 일주일 만에 대부분 소멸되고, 언제 휴식을 가졌느냐는 듯 또다시 피로와 스트레스가 쌓인다는 점이다. 따라서 평소 생활 습관으로 에너지를 충전하는 법을 추천한다.[9]

　신체의 건강은 에너지의 가장 근본적인 요소다. 양질의 영양 공급, 운동, 수면과 휴식은 건강의 기본 중 기본이다. 그런데 이를 실천하기가 쉽지 않다. 우리나라 직장인 371명에게 수면 시간에 관해 설문조사를 실시한 결과, 응답자의 67.7퍼센트가 수면이 부족하다고 답했다. 실제로 한국 성인의 평균 수면 시간은 6시간 15분으로, 미국 7시간, 영국 6시간 45분에 비해 상당히 짧다. 영국의 학계에서는 인간의 최적 수면 시간을 7시간 30분으로 제안한다. 수면 부족 상태로 일할 경우, 업무의 효율성이 4분의 1로 줄어든다는 연구 결과도 있다.

문제는 우리나라 수면 환경이 날이 갈수록 열악해지고 있다는 사실이다. 2, 3차로 이어지는 회식 문화, 교대 근무, 시차가 있는 해외 출장 업무의 증가 등이 모두 충분한 수면을 방해하는 요소들이다. 설문조사 결과에 따르면, 수면 부족의 원인이 스트레스로 인한 불면증 때문이라고 한 응답이 30.3퍼센트였고, 야근 때문이라고 한 응답이 21퍼센트에 달했다.

충분한 수면, 영양 섭취, 운동 등 일상생활에서 습관화할 수 있는 에너지 충전법에 대해 알아본다.

1. 몸에 좋은 습관을 가져라

① 식사는 하루 5~6번 소식하는 것이 건강에 좋다. 하루에 한두 끼만 먹는 사람들의 경우 신체가 영양분을 축적하는 모드로 전환되기 때문에, 신진대사도 활발하지 못하고 몸에 불필요한 영양분이 축적되는 현상이 발생한다.

② 아침식사를 거르지 않는다. 아침에 음식물이 몸 안에 들어가면 우리 신체는 더 이상 영양분을 축적하지 않아도 된다는 신호로 받아들이고, 따라서 신진대사가 원활해진다. 하루 종일 최대의 에너지를 발휘하기 위해서는 아침식사를 거르지 않아야 한다.

③ 균형 잡힌 영양소를 섭취한다. 건강한 신체를 위해서는 50~60퍼센트의 복합 탄수화물, 25~30퍼센트의 단백질, 20~25퍼센트의 지방을 섭취하는 것이 바람직하다.

④ 당분 섭취를 줄인다. 불필요한 열량을 제공할 뿐만 아니라 혈중 포도당 수치를 증가시켜 에너지를 고갈시키고 피로도를 높이기 때문이다.

⑤ 하루에 물을 최소한 4~5잔 이상 마신다.

⑥ 규칙적인 운동을 한다. 일주일에 3~4회는 20~30분 정도의 심폐 운동에 시간을 투자한다. 근력 운동 또한 우리의 신체 시계를 되돌리는 데 무척 효과적인 방법이다. 근력 운동은 체력을 증진시키고 골다공증을 억제하며 신진대사를 촉진한다. 신체의 운동력 또한 증가시키고 몸의 자세도 교정되며, 에너지를 현저하게 증가시키는 강력한 효과가 있다. 운동은 비만과 그에 따른 합병증 발생 위험을 줄여줄 뿐만 아니라, 집중력을 향상시키고 전반적인 사고와 인지 능력을 활발하게 해준다. 가급적이면 엘리베이터 대신 계단을 이용하고, 가까운 거리는 걸어 다닌다.

"몸에 밴 좋은 습관이 건강을 만든다"는 말처럼 건강은 하루아침에 만들어지지 않는다. 따라서 작심삼일을 넘어선 좋은 습관을 행동화하는 전략이 필요하다.

2. 일찍 자고 일찍 일어나라

① 밤에 일하는 사람들은 아침에 가족들이 일어나는 시간에 맞춰 일어나야 하는 경우가 대부분이기 때문에 만성 수면 부족에 시달리기 쉽다. 에너지 수준을 유지하기 위해서 이상적으로는 7~8시간 수면이 필요하다. 수면이 부족하면 아침마다 어질어질하고 집중하기가 어려우며, 정신을 차리기 위해 카페인에 의존하게 된다.

② 일정한 시간에 잠자리에 들고 일어난다. 생체 리듬을 규칙적으로 유지할 때 숙면을 취할 가능성이 높아진다.

3. 규칙적으로 휴식을 취해 에너지를 재충전하라

① 생체시계를 연구하는 시간생물학자들에 따르면, 우리 몸의 호르몬, 포도당, 혈압 등의 레벨은 90분 정도마다 떨어진다. 신체의 자연스러운 스트레스-휴식 사이클을 무시하고 휴식을 취하지 않으면 지속적인 에너지를 가지고 생활하기가 어려워진다. 잠깐 동안 취하는 양질의 휴식만으로도 상당한 충전 효과를 볼 수 있다. 물을 마신다든지, 몸을 움직인다든지, 주의를 다른 곳에 잠시 돌린다든지 하는 활동으로 짧은 휴식 시간을 효과적으로 사용할 수 있다.

② 업무 중간에 잠시 바람을 쐬거나 짧은 산책을 한다. 산책은 정서적 · 정신적으로 좋은 휴식이 될 뿐만 아니라, 산책을 하는 동안 창의적인 아

이디어가 많이 떠오른다. 산책하는 동안 좌뇌는 잠시 쉬고 대신 큰 그림을 그려 보고 상상력 발휘의 기능을 하는 우뇌가 활발하게 작동하기 때문이다.

단 한 줄의 이메일로도
에너지를 전파할 수 있다

—

　나도 과연 에너자이저가 될 수 있을까? 다른 사람들에게 활력을 주려면 내가 먼저 에너자이저가 돼야 할 것 같은데, 어떻게 하면 에너자이저가 될 수 있을까?

　다른 사람들에게 에너지를 준다는 것은 꼭 거창한 일이 아니다. 말한 마디, 그 말의 어조, 말할 때의 표정 등, 어쩌면 사소해 보일 수 있는 요소들이 에너자이저와 디에너자이저를 구분 짓기도 한다.

　미시간 대학 박사과정 초기에 나는 외로움을 참 많이 탔던 것 같다. 유학을 가기 전까지는 부모님에게 의지하며 온실 속 화초같이 세상물정 모르고 살았다. 그러다가 3천 달러를 들고 혼자서 미국 디트로이트 Detroit 행 비행기에 몸을 실었는데, 그동안 참았던 눈물이 비행기가 이륙할 때 왈칵 쏟아지기 시작했다. 내 옆자리에 앉았던 사람에게 민망

할 정도로 펑펑 울었다. 그때는 대한민국이 외환위기를 겪던 시절이라, 디트로이트까지 직항 노선이 없어서 일본 동경에서 비행기를 갈아타야 했다. 동경에서 비행기가 이륙하려고 할 때 나는 또 한 번 눈물을 쏟았다. 그렇게 시작했던 유학 생활 초기는 참 낯설고 외롭고 두려웠다.

그 시절, 아버지는 하루가 멀다 하고 내게 이메일을 보내오셨다. 잘해낼 수 있을 거라는 격려와 믿음, 딸에 대한 사랑을 가득 담은 이메일을 읽으면서, 나는 정말 잘 해야겠다는 다짐을 하곤 했다. 특히 아버지의 유학 경험담을 적은 이메일은 나에게 큰 힘이 되었다. 아버지는 1960년대 대한민국이 너무나도 어려운 시기에 미국 유학 생활을 하셨다. 처음 미국 땅에 도착해서는 말도 안 통하고 가진 돈도 없어 한동안 꽤 고생을 하셨다고 한다. 당신의 어려웠던 유학 시절에 비하면 나의 유학 생활은 훨씬 풍족하고 여유로웠다. 아버지의 유학 경험에서 우러나온 값진 조언과 격려, 지지와 응원의 메시지가 늘 내게는 큰 에너지가 되었다. 유학을 끝내고 대학에 자리를 잡은 지금도 아버지는 나에게 늘 응원의 메시지를 선물로 주신다. 아버지는 나에게 에너지의 원천이 되어주는 에너자이저다.

이처럼 말은 상대방에게 에너지를 주는 훌륭한 도구다. 에너지를 주는 말은 피드백이 되어 다시 에너지를 주는 말로 상대에게 돌아간다. 《돌아서서 후회하지 않는 유쾌한 대화법》의 저자 이정숙 씨는 다른 사람들의 이야기를 유쾌하게 경청하는 방법에 대한 것으로

'FAMILY 법칙'을 소개하고 있다.

Friendly(공감): 상대방이 밝은 이야기를 할 때는 밝은 표정으로, 어두운 이야기를 할 때는 걱정되고 고민스러운 표정으로 이야기를 듣는 것이 좋다고 한다. 누군가가 내 이야기를 경청하고 공감한다고 느끼면 당연히 더 큰 에너지와 활력이 생긴다.

Attention(태도): 상대방의 이야기에 집중하는 것 역시 자신을 온전히 대화에 몰입시키는 일이다. 대화 상대에게 몸을 기울이거나 필요할 때 메모를 하는 것은 이런 말을 하는 것과 같다. "나는 당신의 이야기에 집중하고 있습니다."

Me too(동의): 대화를 할 때 맞장구를 쳐주는 것은 상대방의 기분을 고조시킨다. 고개를 끄덕이면서 "맞아요", "그렇군요", "그렇겠네요" 하는 식으로 적극적인 공감을 표현할 때 말하는 사람은 더 신이 나 이야기를 하게 된다. 이처럼 진심으로 고개를 끄덕여준다든가 공감의 추임새를 넣는 것, 이 작은 리액션들로 에너지 메이커가 될 수 있다.

Interest(흥미): 적극적으로 상대방의 이야기에 흥미를 보이는 것도 에너지를 돋우는 방법이다. 이는 효과적인 커뮤니케이션을 위한 적극적인 의견표명 및 적극적인 질문 테크닉에서도 소개하는 방법이다. 자신의 의견,

아이디어, 생각을 적극적으로 설명하고 이해시키기 위한 노력과 더불어 상대방의 의견이나 아이디어를 파악하기 위해 노력할 때 커뮤니케이션이 더 원활하고 정확하게 이루어진다.

Look(시선): 상대방을 바라보며 이야기를 듣는 것은 에너자이저의 기본 매너다. 상대방과의 대화에서 마음을 나누기 위해 눈을 맞추는 것은 대화의 기본 아닐까?

You are centered(배려): 대화를 할 때 가장 미련한 행동 중 하나가 자신이 대화의 중심이 되려 하는 것이다. 그런 태도는 자기주장을 굽히지 않고 상대방과 경쟁하는 듯한 느낌을 준다. 주로 독단적이고 독선적인 사람들에게서 찾아볼 수 있는 특징인데, 이들은 자신의 주장과 방식을 고집하고 다른 사람들의 참여를 제한해 주변 사람들의 에너지를 빼앗아 가기 쉽다. 상대방으로 하여금 자신이 존중받고 있고 자신이 대화를 주도하고 있다고 느낄 수 있도록 하는 것이 에너자이저의 특징이다.

좋은 피드백이 좋은 에너지로

나는 한 학기가 끝날 때마다 학생들로부터 강의에 대한 피드백을 받는다. 매 학기 있는 일이지만 결과를 열어볼 때마다 어쩔 수 없이 긴장하게 된다. 나의 강의가 만족스러웠는지, 학생들은 나를 어떻게 평가하는지 궁금한 동시에 초조해지는 순간이다. 학생들에게 고마운 것은 항상 내가 예상했던 것보다 높은 점수를 준다는 것이다. 지난 학기 강의 평가 가운데 눈에 띄는 내용이 몇 가지 있었다.

- 참여 수업으로 진행되었던 점이 좋았습니다.
- 수업시간 내내 활발한 토론이 이루어질 수 있도록 유도해주셔서 여러모로 생각해볼 기회가 많았습니다.
- 질문에 성실히 답변해주셨고, 학생들이 잘못된 답을 하더라도 스스로 올바른 답을 찾을 수 있게끔 도와주시는 모습이 인상적이었습니다.
- 토론 시간이 많아 수업에 활기가 있고 긍정적인 자극을 많이 받았습니다.
- 학생들의 의견을 많이 물어봐주시고 어떤 의견도 존중해주셔서 정말 멋진 교수님이라고 생각했습니다.

피드백을 읽어보니 학생들이 토론과 참여 위주의 수업 방식에 대해 무척 긍정적으로 생각한다는 사실을 느낄 수 있었다. 에너자이저의 특징들 중 하나는 다른 사람들을 일과 대화에 참여하도록 이끄는 것이다. 일방적으로 지시하고 전달받는 것이 아니라, 서로 의견을 나누고 아이디어를 공유할 때 우리는 에너지를 느낀다.

다음과 같은 피드백도 있었다.

- 한 명씩 이름을 부르면서 얼굴을 외우려 하시는 게 감동이었습니다.
- 항상 친절한 모습으로 수업에 임해주셔서 좋았습니다. 재미있고 활기찬

수업이었습니다.

- 학생들 잠 깨라고 사탕도 가져오시고, 수업에 열정적으로 임하시는 모습이 좋았습니다.

- 어려운 수업 내용을 기업의 예를 통해 쉽게 설명해주신 점, 교실 밖에서 학생들을 만날 때도 웃으며 인사해주신 점이 특별히 좋았습니다.

위의 피드백을 읽으면서 사소한 행동이 상대방에게는 큰 의미로 받아들여질 수도 있다는 생각을 했다. 지난 학기에는 세 개의 강의를 맡았고 수강생도 모두 150여 명이나 되었다. 학생들 이름을 전부 외우는 일은 거의 포기한 상태였다. 그래도 4개월을 매주 만나는데 되도록 이름을 기억하고 싶다는 생각이 들어 출석을 부를 때마다 이름과 얼굴을 외우려고 애를 쓰기도 했다. 그런 노력을 높이 산 걸까?

수업 중에 꾸벅꾸벅 조는 학생들을 볼 때마다 어떻게 하면 학생이 창피를 느끼지 않도록 하면서 잠을 깨울 수 있을까 고민했다. 그래서 지난 학기에는 비타민C 사탕을 나눠주는 방법을 써보았다. 반응이 좋아 다음 학기에도 이 방법을 또 써야 할 것 같다.

캠퍼스를 걷다가 내 강의를 듣는 학생을 우연히 만나면 무척 반가워 웃으면서 인사하게 된다. 이런 작은 행동들이 학생들에게 좋은 기분과 에너지를 줄 수 있다는 사실이 기쁘다. 학생들에게서 받는 긍정적인 내용의 피드백은 나의 에너지 수준을 높여주고 의욕을 북돋워준다. 내가 잘하는 부분이 무엇인지 알게 되고, 더 잘해야겠다는 생각이

든다.

이처럼 긍정적인 피드백은 에너지의 선순환을 일으키며, 강점을 발휘해 의욕적으로 일하는 데 도움을 준다. 에너자이저는 이를 알기에 강점에 초점을 둔 긍정적인 피드백을 자주 제공한다.

다른 사람에게 내가 가진 긍정의 기운을 나눠주는 것, 그럼으로써 함께 더 큰 비전을 공유하고 발전을 도모하는 일, 이것이 바로 나와 당신이 에너자이저로 살아가야 할 진짜 이유이자 우리 모두가 추구해야 할 삶의 목적이 아닐까? 이 비밀을 발견하고 난 후 나는 매일의 삶을 선물이자 축복으로 알고, 기쁘게 살아가기 위해 노력하고 있다.

13p

1. Schwartz, T. & McCarthy, C. (2007). Manage your energy, not your time. *Harvard Business Review*, October, 1~10.

1장

1. Watts, C. (2011). Human energy concepts in the social sciences and how to model them. European Conference on Complex Systems, Vienna.

2. Marks, S. R. (1977). Multiple roles and role strain: Some notes on human energy, time and commitment. *American Sociological Review*, 42, 921~936.

3. Collins, R. (2004). *Interaction Ritual Chains*. Princeton, Oxford: Princeton University Press.

4. Cross, R., Baker, W., & Parker, A. (2003). What creates energy in organizations? *MIT Sloan Management Review, Summer*, 51~56.

5. Spreitzer, G. M., & Grant, T. (2012). Helping students manage their energy: Taking their pulse with the energy audit. *Journal of Management Education*, 36, 239 ~263.

6. Loehr, J., & Schwartz, T. (2003). *The Power of Full Engagement: Managing Energy, Not Time, is the Key to High Performance and Personal Renewal*. New York: Free Press.

7. Staw, B. M., Sandelands, L. E., & Dutton, J. E. (1981). Threat–rigidity effects in organizational behavior: A multilevel analysis. *Administrative Science Quarterly*, 26, 501~524.

8. 4번과 동일

9. Luke, M. A., Sedikides, C., & Carnelley, K. (2012). Your love lifts me higher! The energizing quality of secure relationships. *Personality and Social Psychology Bulletin*, 38, 721~733.

10. 4번과 동일

11. Dutton, J. E. (2003). Breathing life into organizational studies. *Journal of Management Inquiry*, 12, 5~19.

2장

1. Deci, E. L. & Flaste, R. (1996). Why We Do What We Do: *Understanding Self–Motivation*. London: Penguin.

2. Grant, A. M., Dutton, J. E., & Rosso, B. D. (2008). Giving commitment: Employee support programs and the prosocial sensemaking process. *Academy of Management Journal*, 51, 898~918.

3. Ryan, R. M. & Deci, E. L. (2000). Self–determination theory and the facilitation of

intrinsic motivation, social development, and well-being. *American Psychologist*, 55, 68~78.

4. 이승윤, 박혜원, 배종훈, 문형구. (2008). 조직 내 활력 관계(Energizing Relationships) 의 결정요인에 관한 탐색적 연구. 인사 · 조직 연구, 16권, 95~128.

5. Cole, M. S., Bruch, H., & Vogel, B. (2012). Energy at work: A measurement vaildation and linkage to unit effectiveness. *Journal of Organizational Behavior*, 33, 445~467.

6. Niessen, C., Sonnentag, S., & Sach, F. (2012). Thriving at work-A diary study. *Journal of Organizational Behavior*, 33, 468~487.

7. Nash, L, & Stevenson, H. (2004). Success that lasts. *Harvard Business Review*, February, 1~8.

8. Eccles, J. S. & Wigfield, A. (2002). Motivational beliefs, values, and goals. *Annual Review of Psychology*, 53, 109~132.

9. Bruch, H. & Ghoshal, S. (2002). Beware the busy manager. *Harvard Business Review, February*, 2~9.

10. Sull, D. N. & Houlder, D. (2005). Do your commitments match your convictions? *Harvard Business Review*, January, 1~11.

11. Amabile, T. & Kramer S. (2011). *The Progress Principle: Using Small Wins to Ignite Joy, Engagement*, and Creativity at Work. Boston, MA: Harvard Business School Publishing.

3장

1. Spreitzer, G. M., Sutcliffe, K., Dutton, J., Sonenshein, S., & Grant, A. (2005). A socially embedded model of thriving at work. *Organization Science*, 16, 537~549.

2. Spreitzer, G. M. & Porath, C. (2012). Creating sustainable performance. *Harvard Business Review*, January, 93~99.

3. Alfredsson, L., Spetz, C. L., & Theorell, T. (1985). Type of occupation and near-future hospitalization for myocardial infarction and some other diagnoses. *International Journal of Epidemiology*, 14, 378~388.

4. Hollowell, E. M. (2011). *Shine: Using Brain Science to Get the Best from Your People*. Boston, MA: Harvard Business Review Press.

5. Morison, R., Erickson, T., & Dychtwald, K. (2006). Managing middlescence. *Harvard Business Review*, March, 1~9.

6. Fredrickson, B. L. (1998). What good are positive emotions? *Review of General Psychology*, 2, 300~319.

7. Isen, A. M. & Daubman, K. A. (1984). The influence of affect on categorization. *Journal of Personality and Social Psychology*, 47, 1206~1217.

8. Rhee, S. Y. (2006). Shared emotions and group effectiveness: The role of broadening‒and‒building interactions. In K. Mark Weaver (Ed.), *Best Paper Proceedings of the Sixty‒fifth Annual Meeting of the Academy of Management* (CD), ISSN 1543‒8643.

9. 6번과 동일

10. Baumeister, R., F., Bratslavsky, E., Finkenauer, C., & Vohs, K. D. (2001). Bad is stronger than good. *Review of General Psychology*, 5, 323~370.

11. Sheldon, K. M., Ryan, R., & Reis, H. T. (1996). What makes for a good day? Competence and autonomy in the day and in the person. *Personality and Social Psychology Bulletin*, 22, 1270~1279.

12. Finkenauer, C. & Rimé, B. (1998). Socially shared emotional experiences vs.

emotional experiences kept secret: Differential characteristics and consequences. *Journal of Clinical and Social Psychology*, 17, 295~318.

13. Abele, A. (1985). Thinking about thinking: Causal, evaluative, and finalistic cognitions about social situations. *European Journal of Social Psychology*, 15, 315~332.

14. Schwartz, T. and McCarthy, C. (2007). Manage your energy, not your time. *Harvard Business Review*, October, 1~10.

15. Riskey, D. R. & Birnbaum, M. H. (1974). Compensatory effects in moral judgment: Two rights don't make up for a wrong. *Journal of Experimental Psychology*, 103, 171~173.

16. Skowronski, J. J. & Carlston, D. E. (1992). Caught in the act: When impressions based on highly diagnostic behaviours are resistant to contradiction. *European Journal of Social Psychology*, 22, 435~452.

17. Bolster, B. I. & Springbett, B. M. (1961). The reaction of interviewers to favorable and unfavorable information. *Journal of Applied Psychology*, 45, 97~103.

18. Schulz, R., Bookwala, J., Knapp, J. E., Scheier, M., & Williamson, G. M. (1996). Pessimism, age, and cancer mortality. *Psychology and Aging*, 11, 304~309.

19. Porath, C. L. & Erez, A. (2009). Overlooked but not untouched: How rudeness reduces onlookers' performance on routine and creative tasks. *Organizational Behavior and Human Decision Processes*, 109, 29~44.

20. Goleman, D. (2004). What makes a leader? *Harvard Business Review*, January, 3~12.

21. Bartel, C. A. (2001). Social comparisons in boundary–spanning sork: Effects of community outreach on members' organizational identity and identification. *Administrative Science Quarterly*, 46, 379~413.

22. Keltner, D. & Bonanno, G. A. (1997). A study of laughter and dissociation: Distinct correlates of laughter and smiling during bereavement. *Journal of Personality and Social Psychology*, 73, 687~702.

23. Martin, R. A., Kuiper, N. A., Olinger, J., & Dance, K. A. (1993). *Humor*, coping with stress, self-concept, and psychological well-being. *Humor*, 6, 89~104.

4장

1. Buckingham, M. & Clifton, D. O. (2001). *Now, Discover Your Strengths*. New York: Free Press.

2. Asplund, J. (2012). When Americans use their strengths more, they stress less. http://www.gallup.com/poll/157679/americans-strengths-stress-less.aspx.

3. Quinn, R. E., Dutton , J. E., & Spreitzer, G. M. (2004). *Reflected Best Self Exercise: Assignment and Instructions to Participants*. Center for Positive Organizational Scholarship.

4. Schwartz, T. & McCarthy, C. (2007). Manage your energy, not your time. *Harvard Business Review*, October, 1~10.

5. Smith, E. B., Menon, T., & Thompson, L. (2012). Status differences in the cognitive activation of social networks. *Organization Science*, 23, 67~82.

6. Gladwell, M. (1999). Six degrees of Lois Weisberg, *The New Yorker*, January, 11.

7. Milgram, S. (1967). The small world problem. Psychology Today, 1, 60~67.

8. 정명호, 오홍석. (2005). 휴먼 네트워크와 기업 경영. 삼성경제연구소, pp. 36~38.

9. Hewlett, S. N., Luce, C. B., Shiller, B., & Southwell, S. (2005). The hidden brain drain: Off-ramps and on-ramps in women's careers. *Harvard Business Review*

Research Report (Product No. 9491).

10. Ibarra, H. (1992). Homophily and differential returns: Sex differences in network structure and access in an advertising firm. *Administrative Science Quarterly*, 37, 422~447.

11. Ely, R. (1994). The social construction of relationships among professional women at work. In M. Davidson and R. Burke (Eds.), *Women in Management: Current Research Issues*, London: Paul Chapman.

5장

1.Spreitzer, G. & Porath, C. (2012). Creating sustainable performance. *Harvard Business Review*, Jan – Feb, 93~99.

2. Manzoni, J. – F. & Barsoux, J. – L. (1998). The set – up – to – fail syndrome. *Harvard Business Review*, Mar – Apr, 101~113.

3. Sheldon, K. M., Ryan, R., & Reis, H. T. (1996). What makes for a good day? Competence and autonomy in the day and in the person. *Personality and Social Psychology Bulletin*, 22, 1270~1279.

4. Ancona, D., Malone, T. W., Orlikowski, W. J., & Senge, P. M. (2007). In praise of the incomplete leader. *Harvard Business Review*, Feb, 1~8.

5. Cross, R., Linder, J., & Parker, A. (2007). Charged up: Managing the energy that drives innovation. *Management Quarterly*, 48, 14~29.

6. Bruch, H., & Ghoshal, S. (2003). Unleashing organizational energy. *MIT Sloan Management Review*, Fall, 45~51.

7. 5번과 동일

8. Pentland, A. (2012). The new science of building great teams. *Harvard Business Review*, April, 3~11.

9. Cross, R. & Parker, A. (2004). *The Hidden Power of Social Networks: Understanding How Work Really Gets Done in Organizations*. Boston, MA: Harvard University Press.

10. Edmondson, A. (1996). Learning from mistakes is easier said than done: Group and organization influences on the detection and correction of human error. *Journal of Applied Behavioral Science*, 32, 5~28.

11. Levering, R. & Moskowitz, M. (1994). *The 100 Best Companies to Work for in America*. New York: Penguin.

12. Sull, D. N. & Spinosa, C. (2007). Promise – based management: The essence of execution. *Harvard Business Review*, April, 1~9.

6장

1. Fritz, C., Lam, C. F., & Spreitzer, G. M. (2011). It's the little things that matter: An examination of knowledge workers' energy management. *Academy of Management Perspectives*, August, 28~39.

2. Schwartz, T. & McCarthy, C. (2007). Manage your energy, not your time. *Harvard Business Review*, October, 1~10.

3. Spreitzer, G. M. & Grant, T. (2012). Helping students manage their energy: Taking their pulse with the energy audit. *Journal of Management Education*, 36, 239~263.

4. Czeisler, C. (2006). Sleep deficit: The performance killer. *Harvard Business Review*, 84, 53~59.

5. Janisse, H. C., Barnett, D., & Nies, M. A. (2009). Perceived energy for parenting:

A new conceptualization and scale. *Journal of Child and Family Studies*, 18, 312~322.

6. Loehr, J. & Schwartz, T. (2001). The making of the corporate athlete. *Harvard Business Review*, 79, 119~128.

7. Fritz, C. (2012). Coffee breaks don't boost productivity after all. *Harvard Business Review*, May, 2~3.

8. Morison, R., Erickson, T., & Dychtwald, K. (2006). Managing middlescence. *Harvard Business Review*, March, 1~9.

9. 6번과 동일

에너자이저

1판 1쇄 인쇄   2013년 4월 5일
1판 1쇄 발행   2013년 4월 15일

지은이 이승윤
펴낸이 고영수
펴낸곳 청림출판
등록 제406 – 2006 – 00060호
주소 135 – 816 서울시 강남구 도산대로 38길 11번지(논현동 63번지)
        413 – 756 경기도 파주시 교하읍 문발리 파주출판도시 518 – 6 청림아트스페이스
전화 02)546 – 4341 **팩스** 02)546 – 8053

ⓒ 이승윤, 2013
www.chungrim.com
cr1@chungrim.com

ISBN 978 – 89 – 352 – 0932 – 7 93320

ENERGIZER